Herbert Jeckl

Thailand

Herbert Jeckl

Thailand

Auf den Spuren der Traveller

Bloggingbooks

Impressum/Imprint (nur für Deutschland/only for Germany)
Bibliografische Information der Deutschen Nationalbibliothek: Die Deutsche Nationalbibliothek verzeichnet diese Publikation in der Deutschen Nationalbibliografie; detaillierte bibliografische Daten sind im Internet über http://dnb.d-nb.de abrufbar.
Alle in diesem Buch genannten Marken und Produktnamen unterliegen warenzeichen-, marken- oder patentrechtlichem Schutz bzw. sind Warenzeichen oder eingetragene Warenzeichen der jeweiligen Inhaber. Die Wiedergabe von Marken, Produktnamen, Gebrauchsnamen, Handelsnamen, Warenbezeichnungen u.s.w. in diesem Werk berechtigt auch ohne besondere Kennzeichnung nicht zu der Annahme, dass solche Namen im Sinne der Warenzeichen- und Markenschutzgesetzgebung als frei zu betrachten wären und daher von jedermann benutzt werden dürften.

Coverbild: www.ingimage.com

Verlag: Bloggingbooks ist ein Imprint der
Südwestdeutscher Verlag für Hochschulschriften GmbH & Co. KG
Heinrich-Böcking-Str. 6-8, 66121 Saarbrücken, Deutschland
Telefon +49 681 37 20 271-1, Telefax +49 681 37 20 271-0
Email: info@bloggingbooks.de

Herstellung in Deutschland (siehe letzte Seite)
ISBN: 978-3-8417-7028-8

Imprint (only for USA, GB)
Bibliographic information published by the Deutsche Nationalbibliothek: The Deutsche Nationalbibliothek lists this publication in the Deutsche Nationalbibliografie; detailed bibliographic data are available in the Internet at http://dnb.d-nb.de.
Any brand names and product names mentioned in this book are subject to trademark, brand or patent protection and are trademarks or registered trademarks of their respective holders. The use of brand names, product names, common names, trade names, product descriptions etc. even without a particular marking in this works is in no way to be construed to mean that such names may be regarded as unrestricted in respect of trademark and brand protection legislation and could thus be used by anyone.

Cover image: www.ingimage.com

Publisher: Bloggingbooks
is an imprint of the publishing house
Südwestdeutscher Verlag für Hochschulschriften GmbH & Co. KG
Heinrich-Böcking-Str. 6-8, 66121 Saarbrücken, Deutschland
Phone +49 681 37 20 271-1, Fax +49 681 37 20 271-0
Email: info@bloggingbooks.de

Printed in the U.S.A.
Printed in the U.K. by (see last page)
ISBN: 978-3-8417-7028-8

Inhaltsverzeichnis

Vor der Reise

Die Idee

Die Idee mit dem Trip nach Südostasien war Claudias Hirn entsprungen. Wie das so alles war, wird sie euch gleich erzählen.

Also, das Ganze fing folgendermaßen an…

Bei dem Wort Reisen hatte ich schon immer ein euphorisches Gefühl. Ein Wort wie der Schlüssel zu einer Schatzkammer; ein Wort das zugleich für Spaß und Abenteuer steht; ein Wort, das mich auf den Weg schickt, zu fremden Kulturen in einer unentdeckten Welt.

Schon als Teenager hatte ich den Wunsch unendlich lange zu reisen und dieser Traum wuchs von Jahr zu Jahr mehr. Zwar nutzte ich all die Jahre meinen gesamten Urlaub voll aus, um andere Länder zu sehen, aber die drei oder vier Wochen (mehr war am Stück einfach nicht drin) waren einfach nicht genug – ich wollte mehr.

Vor drei Jahren reiste ich mit zwei Freundinnen nach Mexiko – mein erster richtiger Rucksackurlaub, der durch das ganze Land führen sollte. In Gästehäusern und Bussen trafen wir ständig auf Traveller, deren Lebensziel es wohl war, durch möglichst viele Länder der Erde zu ziehen. Der eine zog vom untersten Zipfel Südamerikas hinauf in den Norden, der andere fuhr auf seinem Rad schon über drei Monate die Küste entlang, … – sie alle waren Aussteiger, Aussteiger auf Zeit oder manchmal auch für immer. Sie hatten ihren Job gekündigt, um die Welt zu entdecken und vielleicht um ‚ihr' Paradies zu finden – und es schien keinem schlecht zu gehen.

Ich bewunderte den Mut, sich von allem loszulösen und teilweise über ein Jahr durch fremde Länder zu ziehen – egal, was danach kommen mag.

‚Warum kannst du das nicht auch', fragte ich mich und steckte mir im Geheimen das Ziel, einmal im Leben diesen Traum zu leben.

Na ja, nach Mexiko kehrte dann wieder routinemäßiges Alltagsleben ein, das auch noch mit einer beruflichen Weiterbildung verbunden war und der Traum verschwand ein wenig aus meinem strapazierten Gedächtnis.

Letztes Jahr war es dann so weit, da kam die Explosion in meinem Kopf. Ich wusste, es durfte keinen Aufschub mehr geben – wenn nicht jetzt, wann dann?

Schließlich war ich ja auch schon im mittleren Alter. Beruflich hatte ich das erreicht, was ich wollte, ein Wohnungswechsel stand auch vor der Tür … – und so sah ich mich als ungebundener, freier Mensch.

‚Jung, ledig, frei', wie es so schön heißt und ohne jegliche Verpflichtungen im privaten Bereich.

So geschah es dann; anstatt einer neuen Wohnung, suchte ich nach einem idealen Reisepartner (was mindestens genauso schwer ist).

Der Entschluss zu kündigen, um mindestens 6 Monate reisen zu können stand fest.

Die Planung und die Suche nach dem Reisepartner

Ich fühlte mich sicherer, wenn noch jemand mitreisen würde und mir fiel auch spontan die perfekte Reisepartnerin ein.

Sabine natürlich, mit ihr war ich schon in Mexiko unterwegs. Sie würde sich ebenso für eine längere Tour begeistern können wie ich.

Ich rief sofort bei ihr an und berichtete von meiner absolut genialen Idee. Jubelstürme am anderen Ende der Leitung sagten mir, dass ich mich nicht getäuscht hatte – Sabine war die richtige für dieses Abenteuer. Sie war von dem Gedanken einer langen Reise völlig aus dem Häuschen. Ein Redeschwall plätscherte durch die Leitung auf mich zu und für sie stand auch schon fest, wohin die Reise gehen sollte.

„Südostasien natürlich! Wohin sonst?", brüllte sie durchs Telefon. „Das ist das perfekte Ziel für Langzeitreisende."

Sie schwärmte von ihrem letzten Urlaub in Thailand und träumte von Vietnam, schon war das Ziel gesteckt. In diesem Punkt waren wir uns also einig.

Die nächsten Wochen schwebte ich nur noch dahin und sah meinen Traum immer mehr zur Wirklichkeit werden. Wir telefonierten häufig miteinander und führten stundenlange Gespräche – bis dann der 8. Juni kam. Sabine hatte ihren

Traummann gefunden und sich Hals über Kopf verliebt.

„Wie kannst du unsere Tour nur wegen einem Kerl abblasen wollen?“, fragte ich schockiert. Das war mir unbegreiflich.

„Ja..., und dann habe ich noch die Chance, mich beruflich weiterzubilden, ...und überhaupt, ...und, ...und, und...“, druckste sie herum.

„Hallo, hallo! Mayday – Mayday! Beamt mich wieder herunter!“

All meine Versuche, sie zu überreden waren vergebens. Sie hatte ihren Entschluss gefasst und ich fiel von Wolke 7 wieder hinunter auf die Erde. Aber ich wollte meinen Plan nicht aufgeben. Ich leckte meine Wunden und machte mich auf die Suche nach einem neuen Reisegefährten. Ich hätte mir im Alter sonst wohl immer vorgeworfen: „Mensch, warum hast du es nicht gemacht? Warum warst du zu feige?“

In meinem Bekanntenkreis gab es leider niemanden, dem die Sache so viel wert gewesen wäre, um seinen Job einfach an den Nagel zu hängen – also weiter; ich versuchte es mit einer Zeitungsanzeige und Flugblättern, die ich an die Tramper-Shops hing.

Meine Anzeige war so neutral gestaltet, dass niemand mitbekam, ob ich Männchen oder Weibchen bin.

Spontan und reise begeistert, so wie ich? Dann melde dich!

Suche Reisepartner für einen Trip von September bis Mai.

Wohin? – Südostasien!

Somit wusste niemand, dass ich weiblich und ledig war. Wenn jemand anrufen würde, dann also nur, weil es ihm um die Reise ginge.

Das Telefon blieb stumm und ich startete meinen nächsten Versuch mit einem Reiseinterview bei SWF 3.

Es dauerte seine Zeit, bis der erste Anruf kam. Er hieß Wolfgang und hatte eine sympathische Stimme. Zudem hatte er anscheinend auch schon öfters lange Rucksacktouren unternommen und hatte somit also auch Reiseerfahrung. Ich konnte keinesfalls einen Begleiter brauchen, den ich die ganze Zeit hinter mir herziehen müsste.

Wir verabredeten uns auf halber Strecke an einem neutralen Ort. Der Bahnhof schien mir die richtige Atmosphäre zu bieten.

„Groß, blond, blauäugig und Mitte 30!“ So hatte er sich beschrieben. Aber so sehr ich auch suchte, es gab hier keinen einzigen Mann zu dem diese traumhafte

Beschreibung gepasst hätte. Also setzte ich mich erst einmal hin und wartete. Nach etwa zehn Minuten kam ein Kerl zu mir herüber und fragte: „Bist du Claudia?“

„Ah - ja ...“, stotterte ich.

Ich war sprachlos. Er war klein, hatte schütteres graues Haar und einen Teddybär Bauch – also eigentlich genau das Gegenteil seiner Beschreibung. Verdutzt saß ich da und war zum Teil erstaunt über sein Selbstbewusstsein, aber anderseits war ich enttäuscht, dass er mich angelogen hatte. Wie sollte da das Vertrauen zustande kommen, das man für eine lange, gemeinsame Tour braucht? Wobei mir sein Aussehen ja egal war. Schließlich suchte ich nach einem Reisepartner und nicht nach einem Lebensgefährten. Wir unterhielten uns eigentlich ganz nett und hatten auch gemeinsame Interessen; bis er dann auf den Punkt kam und so ganz nebenbei erwähnte, dass man ja eine lange Zeit zusammen unterwegs wäre und neben dem Austausch der neu gewonnenen Eindrücke von der Reise, würde sich auch ein Austausch von Zärtlichkeit kaum vermeiden lassen - ...so, bei einem romantischen Sonnenuntergang unter Palmen, womöglich auch noch bei einem Gläschen Sekt.

Also, für ihn war körperlicher Kontakt inbegriffen, mit ihm wollte ich das Zimmer lieber nicht teilen. Die Sache war für mich erledigt und ich widmete mich meinem nächsten Kandidaten.

Er war Agrarbiowissenschaftler oder so ähnlich. Das hörte sich ja ganz viel versprechend an, aber als er dann nach einem zweistündigen Monolog endlich eine Pause einlegte, wusste ich, dass auch er nicht der richtige für mich war. Jetzt wusste ich zwar alles über das Klonen eines Weizenkeimes und über die Düngemittel auf einem Demeter-Bauernhof, aber ich wusste nichts über die Ziele seiner bevorstehenden Reise. Nein danke! Sechs Monate Düngemittel und Weizenkeime, das wäre wirklich zu viel des Guten. Ich war schon heilfroh, dass ich diesen Nachmittag ungeklont überstanden hatte.

Auch der nächste war ein komischer Kauz.

„Wohin soll die Reise gehen? Türkei?“ rief er an.

„Nein, Südostasien!“ antwortete ich.

„Auch gut. Dahin komme ich auch mit. Da kann man gut Kohle machen, mit so billigem Zeug; Glasperlen und so.“

Komisch, ich dachte immer, das Zeug wird drüben billig gekauft und bei uns wieder teuer verkauft. Na egal, auf jeden Fall wieder nicht der richtige.

Auch die weiteren Interessenten genügten meinen Ansprüchen nicht. Verlangte ich etwa zu viel?

Im Übrigen hatte sich zu meinem Erstaunen keine einzige weibliche Person auf die Anzeige gemeldet.

Langsam freundete ich mich mit dem Gedanken an, die Tour alleine zu starten.

Es gibt ja auch Vorteile, wenn man alleine unterwegs ist. Man ist ungebunden, muss auf niemanden Rücksicht nehmen, keine Absprache wohin, wann und wieso, ...

Mitten in meine Organisation platzte dann Jackos Anruf hinein.

Tja! Bei mir war das so, ...

Ich hatte eine Menge Überstunden und den gesamten Urlaub von zwei Jahren zur Verfügung. Also überlegte ich, wo ich meine angesparte Freizeit am liebsten verbringen würde – auf keinen Fall in den ungemütlichen Wintermonaten zu Hause in Deutschland. Die Karibik wäre eigentlich mein gewähltes Ziel gewesen, - bis dann eine Freundin von Claudias Interview erzählte.

„He, Jacko! Du hast doch diesmal keine Lust, alleine auf Tour zu gehen. Im Radio sucht eine Frau aus der Umgebung einen Reisepartner für Südostasien. Die hat sich ganz vernünftig angehört. Ruf doch mal dort an."

Hm..., Südostasien. Für diese Gegend hatte ich mich bisher zu wenig interessiert, so kam der Gedanke eines Anrufs wieder in den Hintergrund.

Einige Tage später fiel mir dann in einem Tramper-Shop folgendes Plakat auf.

Spontan und reisebegeistert, so wie ich? Dann melde dich!

Suche Reisepartner für einen Trip von September bis Mai.

Wohin? – Südostasien!

Keine Personenbeschreibung, kein Alter, kein Name – nur eine Telefonnummer.

„Von September bis Mai. Das kann ich mir abschminken, so viel freie Zeit kriege ich nie zusammen."

So lief ich weiter und hatte mir die Nummer nicht einmal aufgeschrieben. In den folgenden Tagen musste ich immerzu an diese Anzeige denken. Ich besorgte mir Infomaterial und Bücher und stellte fest, dass ich mich sehr wohl für diese exotischen Kulturen begeistern konnte (wobei mir die Begeisterung für fremde Länder auch nicht sonderlich schwer fällt). Ich ging zurück zum Tramper-Shop, schrieb die Nummer auf und rief den unbekannten Traveller noch am selben Abend an.

„Sorry, ich bin wieder mal unterwegs, aber sprechen sie eine Nachricht auf Band und ich werde schon bald zurückrufen", säuselte eine süße Stimme durch den Hörer. Am Abend rief die süße Stimme dann auch wirklich schon zurück und wir vereinbarten ein Treffen an einem neutralen Ort, um uns kennenzulernen.

„Wow!", dachte ich, als eine attraktive Frau die Kneipe zu unserem vereinbarten Termin betrat. „Wenn das Claudia ist ... – aber nein, sie ist nicht der Typ für so eine Tour."

Sie war braun gebrannt, schlank, etwa 1,70 Meter groß und hatte schulterlanges Haar. Anscheinend achtete sie sehr auf ihr Äußeres – und ich bin eben doch eher ein Cowboy. Wie sollte das klappen? Eine Frau wie sie, mit Rucksack in Asien? Ich hatte schon so meine Zweifel. Ich würde sie eher als Hotel Typ bezeichnen.

Es war Claudia.

„Bist du Jacko?" fragte sie und setzte sich zu mir an die Theke.

„Ich glaube, ich war nicht gerade super freundlich bei meinem ersten Treffen mit Jacko.
Da ich mir die Reise mittlerweile auch gut alleine vorstellen konnte, wollte ich mich auf keine großen Kompromisse einlassen. Aber auf Jacko schien ich nicht unfreundlich und abstoßend zu wirken, er begeisterte sich zusehends für meine Ideen und meine Route."

„Na ja, ich bin sehr pflegeleicht und mir gefiel Claudias Idee und ihre Einstellung. Nach unserem längeren Gespräch konnte ich mir diese Tour sehr gut vorstellen. Sie war nicht diese Schickimicki-Maus, die nur in guten Hotels leben möchte. Sie schaute genauso auf den Preis wie ich."

Für mich war diese Tour klar. Ich hatte keine Zweifel und konnte mir keinerlei Probleme vorstellen. Nun kam es auf Claudias ersten Eindruck an.

„Ich dachte schon, dass wir zwei total verschiedene Typen waren (und auch noch sind) und konnte meine Zweifel nicht völlig abschütteln. Aber, wenn es dann gar nicht klappen sollte, dann kann man sich ja auch trennen."

Wir trafen uns noch einige Male und legten unsere Route immer genauer fest, dann nach einem längeren Telefonat, bei dem Claudia ein Frage- und Antwortspiel mit mir veranstaltet hatte, fiel die endgültige Entscheidung.

„Okay, Jacko, versuchen wir es miteinander."

„Das wurde ja auch endlich Zeit", dachte ich und schmunzelte in den Hörer.

Nachdem Claudia nun schon ihren ersten Kompromiss eingegangen war und den Reisebeginn auf den November verlegt hatte, lag es nun an mir, alles Nötige mit meinem Arbeitgeber zu besprechen. Zu meiner Überraschung verlief alles sehr einfach und mir fiel wieder mal **„der"** Spruch ein, welcher mich so oft in meinem Leben begleitete: ***„Man weiß gar nicht, wozu man fähig ist, bevor man nicht aufsteht, es zu versuchen!"***

Alles war so weit geregelt, die Reise war gebucht und unsere Route stand in groben Zügen fest – zumindest wussten wir, dass wir nach Bangkok in Thailand fliegen wollten und von Denpasar auf Bali zurück.

Nun ging unsere gemeinsame Organisation in den Endspurt.

„Die letzten Wochen überschlugen sich, zeitweise glaubte ich, dass der Tag nur 8 Stunden hatte. Der Auszug aus meinem Appartement hielt mich voll in Atem. Auch Jacko musste noch ganz schön ranklotzen, damit er seine freien Tage herein arbeiten konnte. Dann die ganzen Anschaffungen: die Ausrüstung, jede Menge Passbilder für Visa und sonstige Zwecke, Reiseapotheke, Impfungen, Langzeitkrankenversicherung, Abmeldungen, Daueraufträge, und und und ...

Was sollte alles im Rucksack sein

Eigentlich fast gar nichts. Alles, was wir an Kosmetik, Batterien, Regenschutz, Moskitoschutz, ... dabei hatten, hätten wir in Thailand auch kaufen können (meistens sogar billiger).

Wir Deutschen gehen gerne mit dem Gedanken los, dass es in anderen Ländern nichts gibt. Dem ist nicht so, zumindest Thailand, Malaysia, Singapur und Indonesien halten sehr wohl europäischen Standard. Wir hatten auch viel zu viel dabei, aber das sind halt die Erfahrungen, die jeder selber machen muss.

Mein Tipp: Nehmt wirklich nur das persönliche und Nötigste mit.

Wichtig ist in meinen Augen ein guter Rucksack, da der auf einer langen Reise doch sehr strapaziert wird – es bringt euch nichts, wenn euer Rucksack gleich nach ein paar Fahrten aus den Fugen fällt und ihr nach einem neuen suchen müsst. Das macht nur schlechte Laune.

Er wird oft auf dem Dach eines Pick-ups transportiert oder im Bus im Gepäckfach untergebracht. In Südostasien geht man nicht so zimperlich mit dem Verpacken von Rucksäcken um wie bei uns, oft sind die Busse überfüllt oder man steht in Zeitdruck, da wirft man das Zeug schon mal einfach hinein. Es ist auch nicht gerade schön, wenn nach einem Regenschauer alles aufgeweicht ist – also ich halte nichts von Billigrucksäcken.

Wichtig finde ich auch ein Deckenschlafsack oder Inlay.

Wahrscheinlich werdet ihr mal in Unterkünften schlafen müssen, die nicht so hygienisch sind, da ist es doch beruhigend, wenn man seine eigenen Sachen dabei hat.

Von einem Mumienschlafsack rate ich ab, da es meistens warm ist und auch die Luftfeuchtigkeit sehr hoch ist – da schwitzt ihr euch zu Tode.

Einen Deckenschlafsack könnt ihr handhaben wie ihr wollt, entweder euch einigeln oder eben als Decke.

Ganz wichtig finde ich ein intaktes Moskitonetz. Die Netze in den Unterkünften haben oft Brandlöcher oder sind zerrissen.

Moskitospray gibt es in eurem Urlaubsland billiger und besseren. Die Sprays in dem Land sind eher kein Allgemeinschutz sondern gegen die Mücken ausgelegt, die es auch in diesem Land gibt. Ich habe mit den einheimischen Mitteln gegenüber Autan & Co die besseren Erfahrungen gemacht.

Zum Glück braucht man seit dem Zeitalter der Digitalkamera nicht mehr an die vielen Filme denken, die man früher mitschleppen musste.

Nun seid ihr schon fast bereit für die große Reise.

Was man noch bedenken sollte

Tiere wie Hühner, Enten, Schweine, ... haben in Südostasien keine Rechte und werden nur als Ware oder Nahrungsmittel gesehen.

Oft werden mehrere Hühner zusammen an den Füßen zusammengebunden und einfach unter den Sitz eines Pick-ups geworfen, Enten an dem Gestänge einer Rikscha befestigt und lebendig nach Hause transportiert oder Spannferkel in viel zu kleinen Käfigen gehalten.

In manchen Regionen stehen auch Hunde auf der Speisekarte (sind aber nicht als Hund ausgeschrieben).

Ich hatte auch ab und zu meine Probleme damit – aber, was kann man von den Menschen erwarten, die oft ums eigene Überleben kämpfen müssen.

Wer damit zu starke Probleme hat, sollte sich ein anderes Ziel suchen.

Wer keine Probleme damit hat, für den kann die Reise beginnen - Auf den Spuren der Traveller

Checkliste für einen langen Trip

Festlegung des Zeitrahmens – wie lange bin ich unterwegs.

Festlegen, wo man landen und von wo aus man zurückfliegen will. Dabei sollte man die klimatischen Verhältnisse berücksichtigen, nicht dass man immer mit der Regenzeit reist.

Wahl der richtigen Airline und des richtigen Tickets. Die Airline (und ihre Verbündeten) sollten den größten Teil eurer gesamten Strecke abdecken, damit keine weiteren Kosten auf euch zukommen. Außerdem sollten Umbuchungen nichts kosten (zumindest zeitliche Verschiebungen), denn meistens kann man den Zeitplan doch nicht einhalten.

Aufgepasst! Die Gültigkeit des Tickets darf eure Reisezeit nicht unterschreiten. Manche Airline bietet günstige Tickets an, die sind dann aber nur für 3 Monate gültig (oder kürzer).

Empfehlenswert für den asiatischen Raum: Emirates, Thai Airways, Malaysia Airline, Singapore Airlines, Quantas, , Cathay Pacific.
Auch Gabelflüge und Round-the-world-tickets lassen sich bei diesen Fluggesellschaften manchmal zu attraktiven Preisen ergattern. Meine Favoriten sind ganz klar Singapore Airlines und Emirates – die sind zwar vom normalen Flugpreis etwas teurer, aber dafür haben sie enorme Bonuspakete, mit denen sich viel einsparen lässt. Zum Beispiel Übernachtung in Singapur in einem guten Hotel zwischen 10 € und 30 € oder mit Emirate einen günstigen Aufenthalt in einem erstklassigen Hotel in Dubai (empfehlenswert für Familien mit Kindern, die nicht so lange am Stück reisen wollen).

Außerdem sind diese beiden schon seit vielen Jahren unter den besten und sichersten Airlines zu finden und die Gültigkeitsdauer für das Ticket beträgt meistens zwischen 90 – 360 Tage, was für einen Traveller sehr wichtig ist.

Wer kurz entschlossen seine Tour plant, kann bei Ltur sehr günstige Schnäppchen finden. Dort gibt es auch Super Last Minute Angebote, bei denen man die Reise innerhalb von 72 Stunden antretet – da gibt es richtig Rabatte.

Günstige Tickets findet ihr hier: http://www.travellerweb.org/

Weitere gute Portale, die Top-Preise versprechen: www.mcflight.de, www.travelchannel.de und www.billigflieger-homepage.de.

Wenn man keine Erfahrung als Traveller hat, sollte man sich nach kompetenten Reisebüros umschauen (die meisten Reisebüros haben leider keine Erfahrung mit solchen Sachen).

Sehr hilfreich sind Travellerportale wie die Geo-Community oder die Community von Lonely Planet, da gibt es immer hilfreiche Tipps. Mit denen kann man dann zum Reisebüro gehen.

Außerdem sollte man sich erkundigen, wie lange man sich im auserwählten Land aufhalten darf.

Holidaycheck und Votello bieten gute Dienste, auch mit einem Forum und Bewertungsportal, bei dem man seine Meinung äußern kann. Hier kann man erfahren, ob die ausgewählte Unterkunft auch hält, was man verspricht.

Weltweit günstige Übernachtungen findet man auch bei roomsfree.com und laterooms.com

Erledigung sämtlicher finanzieller Angelegenheiten (Daueraufträge oder Lastschriften erteilen, fällige Zahlungen regeln, ...).

Erledigung sämtlicher behördlicher Angelegenheiten (Steuer, Kfz-Versicherung abmelden, Strom und Wasser, Weiterleiten der Post, ...).

Was passiert mit der Wohnung?

Ausrüstung zusammenstellen (Rucksack, Inlay, Schuhe, ...)

Impfungen, Reiseapotheke (Jodlösung zum Reinigen offener Wunden, Pflaster, Mullbinden, Lariam oder Ähnliches als Stand-by gegen Malaria, Aspirin gegen Kopfschmerzen, Penicillin gegen Zahnschmerzen, Antibiotika gegen bakterielle Infektionen, Imodium, Perenterol, Bacticubtil bzw. Kohletabletten gegen Durchfall, Kondome - man weiß ja nie), Langzeitkrankenversicherung.

Passbilder für Visa und sonstige Zwecke.

Kopien von Ausweispapieren und Ticket.

Gute Reiseführer oder Landkarten (für einen Überblick über Entfernung und Strecke – gute Unterkünfte findet man besser vor Ort). Außer, man hat einen Pauschalurlaub gebucht.

Aber auch für Traveller ist es sinnvoll, wenn man sich für die ersten 2 Tage schon vorher eine Unterkunft gebucht hat, dann braucht man sich bei der Ankunft mit dem Rucksack nicht die Hacken ablaufen – meistens ist man ja nach einem langen Flug doch erschöpft und lustlos. Die übrigen Übernachtungen kann man sich dann günstig über die Portale buchen und vor Ort verhandeln.

Beschaffung geeigneter Zahlungsmittel (Kreditkarten, Travellerschecks, Überweisung zu einer Bank am Urlaubsort ist noch lange nicht das schlechteste).

Über die Gültigkeit der eigenen Dokumente brauchen wir ja wohl kein Wort mehr zu verlieren, aufpassen, dass diese auch bis zum Schluss gültig sind.

Falls es doch mal vorkommen sollte, dass Pass oder Visa fehlen – nicht verzagen, dafür gibt es den **Dokumenten- und Visum-Service - Hotline: 0180 - 30 30 30 2**

Fehlt das Ticket, wird die Fluggesellschaft dich trotzdem mitnehmen, da die Daten ja bei der Airline auf der Passagierliste stehen. Falls es Probleme geben sollte, kannst du dich auf das Urteil vom Landgericht Hannover, Az 8 S 315/96 beziehen.

Na – an alles gedacht?

Dann kann die Reise jetzt losgehen – Auf den Spuren der Traveller!

Thailand; Siam – das Land des Lächeln

Und nun lest unsere Geschichte – die erste Begegnung mit Südostasien

Die Einreise verlief sehr reibungslos, die Wartezeiten waren auch nicht länger als anderswo und die Beamten waren freundlich – überhaupt war der Flughafen sehr übersichtlich, man brauchte keine Karte, um zur Gepäckausgabe zu kommen.

Zum Gegensatz zu anderen Flughafen kann man hier getrost sein Geld wechseln. Der Wechselkurs ist fair, man bekommt dasselbe wie in der Stadt.

Aber nun kam das Problem, das einem wohl an jedem Flughafen der Welt erwartet. ‚Wie kommt man in die Stadt, ohne übermäßig abgezockt zu werden.'

Wir hatten das Glück, dass wir uns an einen Deutschen klammern konnten, der schon öfters in Thailand war und sich in das Land regelrecht verliebt hatte.

„Vor dem Gebäude fährt ein Bus für 100 Baht fast bis zur *Khaosan Road*, wenn ihr wollt, könnt ihr mit mir kommen. Ich übernachte auch dort."

100 Baht? Das war ein Viertel von dem, was ein günstiges Taxi verlangen würde. Natürlich kamen wir mit. Auf der etwa zweistündigen Fahrt in die Stadt war ich ein wenig von *Bangkok* enttäuscht.

Eine breite Straße, große graue Häuser mit Reklameschildern – kein einziger Tempel weit und breit. Ich komme mir vor wie in einer tristen amerikanischen Großstadt, in einem Vorort am Rande der City.

Als wir dann aber den Bus verließen und den restlichen Weg zur *Khaosan Rd.* laufen mussten, wurde es schon asiatischer.

Kleine Gassen, vollgestellt mit Essenständen und Waren, die zu verkaufen sind erschweren uns den Weg. An ein Laufen auf dem ohnehin chaotischen Gehweg ist mit unseren großen Rucksäcken gar nicht zu denken. Immer wieder bleiben wir an irgendwelchen Gegenständen hängen und müssen auf die Straße – dort herrscht lückenloser Verkehr.

Unsere erste Übernachtung hatten wir in *My House* für 270 Baht, was uns sehr günstig erschien. Nach unserer Reise nun wissen wir, dass es eine der teuren Unterkünfte war. Aber entgegen der über 1000 Baht teuren Zimmer, die unser Reiseveranstalter aus Deutschland zu bieten hatte, war das ein Schnäppchen.

Natürlich mussten wir Abstriche im Luxus machen; die Dusche war nur ein neben dem Waschbecken angebrachter Duschhahn, was zur Folge hatte, dass nach dem Duschen die Toilette unter Wasser stand. Was mir mehr zu schaffen machte, war allerdings, dass es nur kaltes Wasser gab – aber schließlich waren wir ja auch Traveller und keine Pauschaltouristen.

Die Umgebung der *Khaosan Rd.* ist für Traveller beinahe unerlässlich. Neben einer Vielzahl von günstigen Unterkünften und Angeboten für die Weiterreise – egal wohin – mit Beschaffung der Visa für andere Länder, kann man sich hier mit allem eindecken; vom Kitsch bis zu einer guten Ausrüstung.

Es hat sehr gute Essenstände in dieser Gegend, an denen feine Gerichte für wenig Geld, auch für den europäischen Magen geeignet, angeboten werden. In einigen Reiseführern wird wegen der mangelnden Hygiene davor gewarnt, an solchen Ständen zu essen. Wir können nicht abraten, da wir nur gute Erfahrungen gemacht haben. Das Essen war gut, billig und abwechslungsreich - aber auch wir finden eine Hepatitis-Impfung für unerlässlich, denn man kann dieser Versuchung auf so einer Reise nur schwer widerstehen. Selbst Claudia, die sich anfangs noch dagegen sträubte und an die Warnung dachte wurde schwach, als sie die gekochten und gegrillten Maiskolben sah, die vielen Fleischspieße mit Huhn, Rind, Schwein oder Fisch und zwischendurch ein bisschen Paprika, die verschiedensten Nudelgerichte und Suppen ...

Aber es muss schon jeder für sich selbst abwägen, ob man die Umstellung verträgt. Wer einen empfindlichen Magen hat, sollte sich nicht gleich auf alles stürzen, sondern sich langsam an die fremde Küche herantasten. Manches ist auch sehr scharf und das ist auch nicht jedermanns Geschmack.

Bangkok – Metropole mit einem schillernden Ruf

Von der *Khaosan Rd.* lassen sich viele Sehenswürdigkeiten leicht zu Fuß oder mit einem Tuk-Tuk erreichen. So zum Beispiel der **Golden Mount, Wat Pho, Wat Saket, Wat Phra Keo, Königspalast, Nationalmuseum, Wat Mahatat, Wat Bovonives, Demokratiedenkmal**.

Außerdem ist es nicht sehr weit bis zum *Menam Chao Praya* und zum *Klong Banglampoo*, wo man auf Express- und Passagierbooten auf interessante und abenteuerliche Weise zu anderen Stadtteilen gelangen kann – eine sehr gute und günstige Alternative zu den meistens verstopften Straßen. Vor allem konnte man sehr schnell die Seiten des Flusses wechseln und somit in den gegenüberliegenden Stadtteil gelangen.

Dicht gedrängt stehen adrett gekleidete Angestellte und Schulkinder nebeneinander, auf dem Weg nach Hause. Zügig kommt das Boot auf unseren Pier zugefahren, um noch mehr Fahrgäste aufzunehmen. Eine laute Hupe und das hektische Gebrüll des Kassierers kündigten an, dass wir uns bereithalten sollten. Es bleibt nicht viel Zeit zum Einsteigen, Aussteigen lassen, drängeln, aufspringen!

Im Zickzack fährt der Kahn von einem Ufer zum anderen. Menschen steigen aus, andere springen auf. Unwillkürlich werden Claudia und ich voneinander getrennt und in die Mitte geschoben. Von den wenigen Sitzplätzen ist keiner mehr zu sehen, ich kann mir beim besten Willen auch nicht vorstellen, dass hier noch jemand sitzen sollte, ohne zertrampelt zu werden.

Langsam orientieren wir uns wieder an die Reling des Bootes, unsere Station ist da. Von einer Station zur anderen soll es 1 Baht kosten, wie man uns erklärt – also 12 Baht für mich und Claudia. Ich drücke einem Mann, den ich für den Kassierer halte, das Geld in die Hand und wir steigen aus – anscheinend alles richtig gemacht, keiner beschwert sich.

Als Erstes sollte man sich in einem der Reisebüros einen vernünftigen Stadtplan besorgen. Wir hatten eine Stadtbesichtigung mit den Karten unseres Reiseführers versucht und festgestellt, dass sie nicht ausreichend waren, erst recht nicht, wenn man zu Fuß unterwegs ist.

Wat Phra Keo und der Königspalast liegt am *Sanam Luang,* der Königswiese.

Hohe weiße Mauern und Wachen am Eingangstor beschützen die prachtvollen Gebäude. Besucher in Shorts, kurzen Röcken, schulterfreier Kleidung, ... wird kein Einlass gewährt. Gegen Hinterlegung des Passes oder einer Leihgebühr kann man ‚angemessene' Kleidung ausleihen (wobei ich mich so einige mal fragen musste, was denn nun mehr beleidigend war – die viel zu weite Hose, die ich immer heben musste oder meine Shorts.

Im Eintrittspreis ist einiges enthalten: **Vimanmek Teakwood Mansion, Tempelmuseum, Königliche Münzsammlung und Dekorationen,** wo Fahnen, Münzen und Wappen aus dem 11. Jh. bis zur heutigen Zeit zu sehen sind.

Der *Wat Phra Keo* liegt hinter dem Königspalast und wird von den *Yaks* bewacht. An den riesigen Dämonen vorbei, kommt man zum Tempelbezirk.

In der Mitte der Anlage gelangt man zu einem reich dekorierten *Bot*, in dem der *Jade-* oder auch *Smaragd-Buddha* zu sehen ist. Die Schuhe müssen vor dem Eingang abgestellt werden und im Inneren achten Ordner, dass man sich auf den Boden setzt. Die Füße bitte so, dass sie nach hinten zeigen – das Entgegenstrecken der Fußsohlen wird in Thailand als Beleidigung aufgefasst.

Fotografieren ist in diesem schönen Tempel – der mit herrlichen Wandmalereien versehen ist, die das gesamte Leben Buddhas darstellen – leider verboten.

Gegenüber dem *Bot* findet man zwei vergoldete *Chedis*, die das königliche *Pantheon* (ein Tempel, der für alle Götter gedacht ist – ein Ehrentempel) umgeben; bewacht von *Kinaras* (mystische Wesen – halb Vogel, halb Mensch).

Wat Pho gehört ebenso zum kulturellen Pflichtprogramm, egal ob Traveller oder Pauschaltourist. Vom Königspalast aus ist er in wenigen Minuten zu Fuß erreichbar. Schon alleine der 45 Meter lange liegende Buddha, der den Einzug ins Nirwana symbolisiert. Über 100 Tafeln stellen die Tugenden eines wahrhaften Buddhisten dar.

Das Nationalmuseum bietet interessante Führungen an (auch in Deutsch) und vermittelt einen Einblick in die Geschichte des Landes. Man sollte sich viel Zeit dafür nehmen; laut unserem Reiseführer sollte die Führung 1 Stunde dauern, wir mussten nach 2 $^{1}/_{2}$ Stunden leider abbrechen, weil unsere Weiterreise schon geplant war. Aber, was wir hier erfahren hatten, war sehr informativ und interessant vorgetragen.

Nicht weit entfernt liegt **Wat Mahatat**, die buddhistische Hochschule für eine der wichtigsten religiösen Zentren des Landes. Hier können auch Ausländer – sowohl weiblich wie männlich – an mehrstündigen Meditationsübungen teilnehmen.

Der Golden Mount ist ein etwa 80 Meter hoher, künstlich aufgeschütteter Hügel. Der goldglänzende *Chedi* des *Wat Saket* blitzt einem schon von der Ferne entgegen. Von der oberen Plattform hat man eine gute Aussicht über die Dächer von *Bangkok*. Das Bild ist allerdings nicht so spektakulär, dass sich ein Besuch nur wegen der Aussicht lohnen würde.

Um den Golden Mount herum fühlt man sich wie auf einem Jahrmarkt und vergisst sehr rasch, dass man eigentlich an einem Ort des Glaubens ist.

An Ständen wird, wie an den meisten Märkten in Thailand, vom Kitsch bis zum Brauchbaren alles angeboten – aber es gibt auch gutes Essen, immer wieder entdeckt man etwas Neues.

Der Erawan-Schrein, ein kleiner Haustempel, der neben dem monumentalen *Grand Hyatt Erawan Hotel* fast verschwindet.

Trotzdem wird er von vielen gerne besucht. Besonders nach Feierabend, wenn es dunkel geworden ist, opfert man *Brahma* Räucherstäbchen, Früchte, Kerzen, Blumenkränze, die es gleich hier für einen kleinen Preis zu kaufen gibt und hofft auf die Erfüllung seiner Wünsche oder die Linderung seiner Sorgen.

Reiche Geschäftsleute engagieren Tänzerinnen, die in traditionellen Kostümen klassische Tänze vorführen. Vielleicht wollen sie somit ihr Gewissen ein bisschen beruhigen oder sich bei Brahma für ihr gutes Leben bedanken. Wie auch immer - Einheimische und Touristen nehmen diese nette Geste gerne an.

In *Bangkok* gibt es natürlich nicht nur kulturelle Sehenswürdigkeiten, es gibt natürlich auch noch andere Dinge zu sehen. Wie wäre ein Abend beim **Thai-Boxen**?

Es wird gefeilscht, geredet, gegessen, getrunken und gewettet – und dabei wechseln zum Teil erhebliche Geldbeträge den Besitzer.

Beim ersten Kampf ist die Arena noch ziemlich leer. Claudia und ich sitzen auf der Bank und warten gespannt ab. Bald sind die Ränge hinter uns gefüllt und das Wetten beginnt. Unten streckt ein Mann seine Hand nach oben und ruft etwas in die Menge. Wild stürmen die Zuschauer an die Gitter, die die besseren Ränge von ihnen trennen und rufen dem Mann etwas zu. Ein anderer weiter unten zeigt wieder mit seinen Fingern, die Menge antwortet mit nervösem Fingerzeig – vermutlich sind es die Beträge. Wildes Geschrei und Herumwirbeln der Hände begleitet den Kampf. Zu guter Letzt wird Claudia von einer netten Frau auch noch ein gegrilltes Schweineohr angeboten, dass sie aus Höflichkeit natürlich nicht ablehnen will. Zaghaft hält sie es zwischen zwei Fingern und schiebt es unbemerkt mir zu...

Oder, was haltet ihr von einem **Einkaufsbummel** in *Bangkok.*

Obwohl das meiste schon deutlich billiger ist als bei uns, kann so ein Shopping doch ganz schön auf den Geldbeutel drücken. Meistens bieten die *Tuk-Tuk* Fahrer einen günstigeren Fahrpreis (der aber immer noch teuer genug ist) an, wenn sie einen zu einer Schneiderei, einem Kunstgeschäft, einer Schmuckfabrik oder ähnlichem bringen dürfen. Klar, sie kriegen ja auch Provisionen oder zumindest einen Benzingutschein. Hat man ohnehin vor, etwas zu kaufen, sollte man das Angebot annehmen. Man bekommt meistens gute Ware, die anfangs zwar überteuert angeboten wird, aber die Verkäufer lassen mit sich handeln – hart bleiben.

Auf keinen Fall gleich zusagen, auch wenn sie noch so massiv zu überzeugen versuchen, wie günstig man doch hier einkauft. So hat man immerhin ein Preisangebot und kann sich weiter umschauen.

In *Bangkok* gibt es riesige Einkaufszentren, die den europäischen in keiner Weise nachstehen. Zusammen mit denen von *Chiang Mai* bekommt man hier das beste Preis- Leistungsverhältnis geboten.

Kleinere Sachen wie Haushaltswaren, Lebensmittel, Gewürze kauft man besser auf den Märkten, da kann man handeln (man muss es sogar, wenn man nicht über den Tisch gezogen werden will).

Um einen Marktbesuch kommt man kaum herum. Thailand ist voll von Märkten. Auch hier in *Bangkok* - in *Chinatown* - sollte man es sich nicht entgehen lassen. Bei den exotischen Gerüchen, die einem um die Nase wehen, hat sich schon so manch einer Appetit geholt (auch wenn man dann nachher in einem Restaurant essen geht, das einem vertrauensvoller erscheint).

Wir springen von dem Boot ab und landen auf einem Gemüsemarkt, weg von den Touristenplätzen der Stadt. Eigentlich wollen wir zu einem Amulett Markt, von dem ich mir einen Talisman verspreche – anstatt dessen gibt es Wassermelonen, Kürbisse, Bananen und Durian.

Etwas enttäuscht machen wir uns auf den Weg zurück und landen in Chinatown. Unter Wellblechdächern versteckt sich der endlos erscheinende Markt. Hier gibt es Essenstände, die meine kühnsten Erwartungen übertreffen.

Fischaugen starren mir aus einer blutroten Suppe entgegen, Hühnerkrallen winken heraus als solle man sie vor dem Ertrinken retten und Entenhälse hängen an der Wand als herrsche hier Lynchjustiz. Der Duft von Curry, Nelken und Muskat betört meine Sinne ein wenig. Ziellos waten wir weiter durch den Wirrwarr von engen Wegen und suchen nach einem Ausgang.

Das, was ich eigentlich von dem Amulett Markt erwartet habe, finde ich hier – versteckte, winzige Gassen in denen mich eine mystische Atmosphäre umgibt.

Für die angebotenen Speisen bin ich noch nicht bereit, obwohl ich Hunger verspüre, warte ich doch lieber, bis wir wieder in der Khaosan Road sind. Es sieht alles doch noch sehr fremd aus.

Mein Talisman bleibt vorerst ein Wunschtraum und die kleinen Läden, wo man so manches Geheimnisvolles findet, bleiben vor uns verborgen. Aber Bangkok kommt mir nun sehr viel asiatischer und interessanter vor als am Beginn unserer Reise.

Von hier war es gar nicht so einfach, mit einem *Tuk-Tuk* zurück zur *Khaosan Road* zu kommen. Die ersten drei Fahrer verstanden keinen Ton oder wollten uns nicht verstehen und der Vierte verlangte einen utopischen Preis, den wir nicht zu zahlen bereit waren. Zum Glück sah ein Englisch sprechendes Pärchen unsere Hilflosigkeit und kam zu uns herüber. Der Mann handelte mit dem Fahrer einen fairen Preis aus und der setzte uns - wie es sein Ehrenkodex ihm befiehlt - auch zu diesem Preis in unserer Straße ab.

Am nächsten Tag mussten wir als Erstes unsere Weiterreise organisieren. Wir steuerten jedes Reisebüro an, das uns günstig erschien. Hier ist es anders als bei uns in Deutschland, hier ist beinahe jedes Haus ein Reisebüro – egal, ob Restaurant oder ein anderer Laden. Das Umschauen lohnte, die Preisunterschiede waren erheblich. In einem kleinen Reisebüro, das nebenbei noch Textilien verkaufte, sahen wir eine sehr engagierte und geschäftstüchtige Frau. Sie machte uns ein verblüffendes Angebot, da konnten wir nicht mehr ablehnen.

‚Visa für Laos und Vietnam - Flug: *Chiang Mai -Bangkok; Bangkok-Vientiane in Laos; von Vientiane-Hanoi/Vietnam; von Saigon/Vietnam-Bangkok/Thailand* für etwa 250 EUR.‘

Unglaublich – in Deutschland hätte alleine das Visum für Vietnam gekostet und der Flug *Saigon-Bangkok* wurde uns für 190 EUR angeboten.

Die Arbeit war getan und wir konnten uns nun weiteren Attraktionen widmen.

Die Umgebung von Bangkok

Und nun lest unsere Geschichte – die 3 in 1-Tour

Eine ‚3 in 1 Tour' ist ein Tagestrip mit eigentlich 3 Attraktionen - meistens werden es aber 5 oder 6.

Auf unserem Plan stand der **Floating Market, Kanchanaburi/River Kwai Brücke, Nakhon Pathom.**

Es war schon sehr viel Touristik, was bei dieser Tour geboten wurde, trotzdem hatte sie eine schöne Abwechslung zum überfüllten *Bangkok* geboten – und sie war preisgünstig.

Der **schwimmende Markt** war etwa 30 Kilometer außerhalb *Bangkoks* Zentrums.

Nachdem wir unseren Minibus verlassen hatten, wurden wir mit *Longtail-Booten* zum Anfang des Marktes gebracht und dort abgesetzt, wo Verkäufer auf freigiebige Kunden hofften. Außer Gemüse und Obst gab es sehr viel Ramsch zu kaufen, was meistens von ‚Souvenierjägern' auch getan wurde – zum Leidwesen der Marktfrauen, die ihre Waren nur mit einem Stock nach oben reichen durften, ‚damit die Touristen nicht belästigt werden', so hörte man reden.

Kanchanaburi wurde wohl durch den legendären Film ‚die Brücke am Kwai' und dessen Soundtrack berühmt. Dabei gäbe es in dieser schönen Gegend wesentlich mehr zu sehen als nur die Kriegsschauplätze.

Das Städtchen machte einen freundlichen Eindruck und ist ein guter Ausgangspunkt für Exkursionen in die Umgebung. Entlang des Flusses kann man in den ‚schwimmenden Restaurants' genüsslich schlemmen und sich am Abend auf ‚Disko-Booten' die Zeit vertreiben.

Es werden Floß- und Trekkingtouren angeboten und um die Gegend zu erkunden bietet sich an, dass man ein Moped oder ein Fahrrad mietet.

Nakhon Pathom besitzt eine der größten Pagoden des Landes, die angeblich vor mehr als 2000 Jahren von ceylonesischen Mönchen erbaut wurde. Mit einem über 127 Meter hohen *Chedi* gilt das Bauwerk als eines der höchsten buddhistischen Anlagen der Welt.

Eigentlich wollten wir nur nach einem Stadtplan fragen, aber schon hatten wir uns zu einer ‚3 in 1 Tour' überreden lassen – zu einer ‚Touri-Tour', wie wir sie nie machen wollten. Alle 3 Ziele hatte ich auf meiner Liste ‚Sehenswertes in Thailand' und ‚der Preis war heiß', also, warum nicht.

Die Tour fing ganz normal an, wie jede andere Tour auch.

„Meinst du, die kommen überhaupt?“ fragte Claudia skeptisch, als wir um 8.00 Uhr morgens vor unserem Gästehaus saßen und warteten.

Dann kamen sie - ziemlich pünktlich sogar. Mit einer halben Stunde Verspätung kamen gleich 2 Minibusse angefahren. Wir waren die letzten auf ihrer Liste, dann konnte es losgehen.

Es war ein bunter Haufen an Nationalitäten, was so eine Tour immer interessant macht.

7 Israeli hatten sich gleich im hinteren Teil des Busses etwas abgesondert, sie unterhielten sich nur untereinander. Aber da waren ja auch noch ein Schwede, eine Dänin und ein schweigsamer Unbekannter - und wir zwei Deutsche natürlich.

Die erste Station war der ‚schwimmende Markt‘ in *Damnoen Saduak.*

„Oh Gott! Was ist denn da los?“ rief ich erschrocken, als ich all die vielen Busse sah, in denen Touristen hierher gepilgert waren, um sich in *Longtail-Booten*, die sich wie Kettenglieder aneinanderreihten, zum Markt bringen zu lassen. Trotzdem, die Fahrt auf den *Klongs* war sehr schön.

„Das könnte länger so gehen“, meinte Claudia. „Trotz der vielen Menschen ist es so angenehm still.“

Es war interessant zu sehen, wie die Menschen in ihren Pfahlbauten am Rande des Wassers lebten. Nach einer halben Stunde war es dann vorbei mit der Ruhe, nun wurde es wirklich touristisch. Umzingelt von den Besuchern, die in den großen Bussen gekommen waren, kamen wir uns vor wie in einem Vergnügungspark. Wir versuchten, dem Getümmel zu entkommen, aber es war zwecklos. Mit Fotoapparaten bewaffnet standen sie an jeder Ecke der extra angelegten Aussichtspunkte und hielten Ausschau nach ihrer Beute.

Mir fiel auf, dass die Händlerinnen ihre Ware nur mit Stöcken nach oben reichten.

Wie wir später erfuhren, dürfen sie nicht an Land kommen, ‚damit sie die Touristen nicht belästigen‘ – sie wurden quasi in ihren eigenen *Klongs* gefangen gehalten.

Die meisten von ihnen verkauften Strohhüte, Kitsch und Souvenirs. Von dem Obst und Gemüse kaufte kaum ein Tourist etwas und schon gar nicht von den Suppen und dem anderen Essbaren. Es sah auch nicht gerade appetitlich aus, wie die Teller und Töpfe mit dem dreckigen Wasser der *Klongs* nur kurz ausgeschwenkt wurden, wo die einen weiter unten ihre Notdurft verrichteten und die anderen ihre Kleider wuschen.

„Auf, auf! Wir müssen weiter!“ trieb uns der Fahrer an.

Trotz des ganzen Rummels war es interessant, wenn man so einen Markt noch nie zuvor gesehen hat, aber die eine Stunde Aufenthalt genügte vollends.

Die nächsten Ziele waren unplanmäßig eingebaut, die Fahrer versprechen sich eine zusätzliche Provision, wenn sie Besucher an bestimmte Plätze bringen.

Zuerst hielten wir an einem Orchideengarten und einer Schmetterlingsfarm mit riesigen Exemplaren. Danach ging es weiter zu einer Schlangenfarm, wo wir eine Show miterleben konnten, die nicht schlecht war. Nur, als wir noch in aller Ruhe die verschiedenen Schlangenarten anschauen wollten, hieß es wieder: „Auf, auf! Wir müssen weiter!“

Jetzt nahmen die Fahrer eine kleine Änderung vor. Die 2 Busse wurden neu eingeteilt. Claudia und ich kamen in den anderen Bus und 3 von dort wurden in den unseren verfrachtet. ‚Andere Route‘ hieß es nur und die Fahrt ging weiter mit einer neuen Gruppe in einem alten Bus.

„Weißt du, was der Fahrer hat?“ fragte ich Claudia, als ich sah wie er immer nervös hin und her zuckte.

„Das geht schon die ganze Fahrt über so“, antwortete einer von den hinteren Bänken. „Ab und zu kriegt der seine Zuckungen und fängt zu schreien an.“

„Der hat wahrscheinlich mal zu viel Stoff abgekriegt und ist von seinem Trip nicht mehr zurückgekommen“, meinte ein anderer.

„Ich dachte, der hört einen super Song in seinem Walkman und singt die ganze Zeit mit“, sagte ich, aber alle lachten nur.

„Der zuckt auch ohne Musik“, äußerte sich das sommersprossige Mädchen.

Mit dieser Gruppe schien es lustiger zu sein und ich war jetzt schon froh, dass wir den Bus tauschen mussten. Hier gab es nicht so einen großen Haufen wie bei den Israeli, die sich nur mit ihresgleichen unterhielten, hier sprach jeder mit jedem.

Da war der eitel erscheinende Daniel aus Dänemark zusammen mit der sommersprossigen Mary aus England, Wim und Hilde aus Belgien, dann ein schottisches Pärchen, dessen Dialekt mir eine Aufgabe stellte, ein zurückhaltendes schwedisches Paar und ein Kerl von dem ich die Nationalität nicht weiß.

„Ha! Hu!“

Wieder unterbrachen die Urschreie des Fahrers unsere Unterhaltung und brachten uns zum Lachen – hinter vorgehaltener Hand versteht sich. Seine außergewöhnlichen Töne untermalte er mit zuckenden Bewegungen, die Karateschlägen glichen.

„Tuk, tuk, tuk, ...tuk tuk, tuck...tuck, ...tuk, tuck, tuck, tuck!“

„Anscheinend hat der Bus sich dem Fahrer angepasst, jetzt zuckt der auch schon“, meinte Daniel höhnisch.

Wim und Hilde schmunzelten nur und deuteten mit den Augen zu dem Fahrer hin, dessen Aufschreie und Zuckungen immer heftiger wurden.

„Ha! Hai! Ji! Ya! Ha!“

Er schrie immer lauter und schlug wie von Sinnen auf das Lenkrad ein - dann steuerte er eine Tankstelle an. Zumindest das Zucken des Busses hatte ein Ende gefunden. Der Fahrer dagegen sprang aus dem Bus, tobte, schrie und trat in bester Kickbox-Manier gegen Haube und Tür. Dabei rollte er so stark mit den Augen, dass nur noch das blutunterlaufene Weiß zu sehen war. Dann verschwand er mit dem Mechaniker in der Werkstatt, seine Wutausbrüche waren aber bis nach draußen zu hören. Erschrocken stürmte der Mechaniker heraus und suchte aufgeregt nach einem Werkzeug – verfolgt von dem Fahrer und gejagt von einem erneuten gellenden Aufschrei.

Wir saßen gelassen am Boden und warteten und dabei dachte ich an die Stelle im Reiseführer, wo von der ruhigen asiatischen Art die Rede war und dass die Menschen ihr Gesicht verlieren, wenn sie laut werden.

Nach etwa 1 Stunde hatte der Mechaniker die Karre wieder in Gang gebracht und unsere ‚3 in 1 Tour‘ ging weiter – etwa 40 Minuten, dann war endgültig Schluss. Ein neuer Bus musste her und das sollte diesmal länger dauern. Wir waren am Rande eines kleinen Städtchens; keine Kneipe, kein Laden, nichts.

„Ich gehe mal ein Stück die Straße entlang und schaue mal, was es da so gibt“, sagte Claudia ungeduldig.

„Warte, ich komme mit!“ rief ich ihr hinterher. Ich war genauso neugierig wie sie. Schließlich waren wir ja in Thailand und nicht bei uns zuhause. Aber es vergingen gerade mal zwanzig Minuten, da kam Wim hinter uns her gerannt und pfiff uns zurück. Der neue Bus war schneller da als angekündigt. Mit neuem Mut und immer noch guter Laune ging es nun weiter zu unserem wohlverdienten Mittagessen, dass auch im Preis inbegriffen war. Das Restaurant lag an einem schönen Fluss und das Essen schmeckte vorzüglich. Hier wurden auch Bungalows aus Bambus vermietet und es hätte sich sicher gelohnt, in dieser Gegend einige

Zeit zu verbringen.

„Auf, auf!“ trieb der Fahrer wieder an. „Wir sind spät dran!“

Als ob wir etwas dafür konnten?

Nicht lange, dann waren wir an unserem zweiten offiziellen Ziel. Das war sie also nun – die legendäre Brücke am *River Kwai*, die durch einen Film zu enormer Berühmtheit gelangt war.

Unter Zeitdruck hetzten wir über die Gleise ans andere Ufer des Flusses.

„Aber nur 15 Minuten!“ brüllte der Fahrer hinterher.

Kaum waren wir wieder zurück, da kam der Zug angefahren.

„Der Zug ist noch in Betrieb?“ fragte ich erstaunt. Kurz davor marschierten wir noch über die Gleise und keiner wusste, dass die noch befahren wurden.

„Auf, auf!“ hörten wir von weitem unseren nervösen Fahrer schon wieder rufen.

„Ich muss aber zuerst noch auf die Toilette, das wird man ja wohl noch dürfen“, schimpfte Claudia entrüstet. Als guter Reisepartner wartete ich selbstverständlich auf sie – und ich wartete...und wartete, um die Ecke herum hörte ich die unverkennbaren Kampfschreie unseres Fahrers.

„Oh, hast du all die schönen Sachen und Bilder auf dem Weg zur Toilette gesehen?“

„Nein, aber dafür haben wir jetzt auch keine Zeit. Ich glaube wir sollten uns beeilen, die warten schon alle auf uns.“

Claudia ließ sich nicht hetzen und fuhr fort: „Wirklich schön. Die alten Schwerter und die schönen Bilder..."

„Kommt nun endlich, der fährt sonst ohne euch!" rief Wim.

Während ich wie auf Nadeln saß, wagte Claudia noch einen Blick ins Museum.

„Oh, das würde ich mir gerne ansehen", seufzte sie, aber schon kam unser Sklaventreiber höchstpersönlich und stellte uns vor die Wahl – mitkommen oder hier bleiben.

„Ja wie? Schon wieder ein anderes Fahrzeug?" fragte Claudia erstaunt.

Unsere Gruppe war von dem Bus in einen *Songthaew* verfrachtet worden.

„So, und jetzt zurück nach Bangkok", sagte der Fahrer.

„Und was ist mit *Nakhon Pathom*?" fragte Daniel.

„Es ist doch schon 4.00 Uhr. Wollt ihr wirklich noch nach *Nakhon Pathom*?" fragte der Fahrer ungläubig und verdrehte wieder seine Augen.

„Klar!"

„Ja, schon."

„Aber sicher!"

Die Gruppe war sich einig und der Fahrer verzweifelt.

„Aber, was wollt ihr denn dort?" fragte er genervt und hoffte, dass wir doch noch nachgeben würden.

Wir ließen nicht von unserem Plan ab und fuhren gelassen auf der Pritsche an unser letztes Ziel. Unser neuer Chauffeur kannte die merkwürdigen Angewohnheiten unseres guides noch nicht. Jedes Mal wenn dieser einen Urschrei zum Besten gab, erschrak der Fahrer und machte einen Schlenzer nach links oder rechts.Wir fuhren noch mehr als 1 Stunde, bis wir an dem mächtigen Bauwerk waren.

Dort umrundeten wir den Chedi einige Male und entdeckten einige interessante Skulpturen, aber der Höhepunkt war ein riesiger vergoldeter liegender Buddha, der nur durch mehrere Eingänge vollends zu bewundern war.

Wir hatten noch ein wenig Zeit. Das musste noch für eine schnelle Besichtigung des Marktes reichen, der um die Tempelanlage herum aufgebaut war. Es gab dort so einige unbekannte Leckereien, die wir natürlich probieren mussten. Die Zeit drängte wieder einmal und dabei hätten wir noch so viel ausprobieren wollen. Einiges nahmen wir noch mit, so hatten wir wenigstens auch etwas für die anderen – zum Dank, weil sie wieder einmal auf Claudia und mich warten mussten.

Die Fahrt zurück nach Bangkok kam uns allen ewig lange vor, obwohl *Nakhon Pathom* nur 100 Kilometer westlich entfernt liegt. Es war inzwischen dunkel geworden und der Feierabendverkehr gab uns mächtig viel Abgase zu schlucken.

Nun wussten wir auch, warum Bangkoks Polizisten nur mit Atemschutzmasken oder sogar mit Gasmasken den Verkehr regeln. Trotzdem waren immer noch alle gut gelaunt und zu jedem Spaß bereit.

Nachts gingen wir noch alle zusammen aus und wir erfuhren so manches Interessante voneinander: Die Dänin war in Afrika zwei Tage lang bei den Gorillas, Wim ist LKW-Fahrer; Daniel, Mary und Susan arbeiteten wie Claudia im ärztlichen Bereich im Krankenhaus oder in der Apotheke. Mir konnte also gar nichts passieren, ich war sozusagen in guter Obhut.

Den restlichen Teil der Nacht verbrachten wir, indem wir nachgrübelten, wo wir als Nächstes hingehen sollten – sicher war, dass wir nicht 5 Tage lang in Bangkok auf unsere Dokumente warten wollten. Außerdem würden wir auf dieser Tour sowieso noch mal nach Bangkok kommen, da könnten wir dann noch die restlichen Sehenswürdigkeiten anschauen, die uns interessieren.

Auch Wim und Hilde grübelten über ihre Weiterreise nach, sie hatten noch 1 Woche, dann war für sie der Urlaub zu Ende.

„*Ko Chang* würde mich schon reizen“, sagte ich zu Claudia. Ich kramte den Reiseführer heraus und zeigte ihr, wo das ist.

„Hm..., das hört sich schon gut an. Aber es gibt da ein Problem – und das heißt Malaria.“

„Ja, ich weiß. Aber wir kommen auch noch in andere Malaria gefährdeten Gebiete.“

„Um das Lariam einzunehmen, ist es eigentlich zu spät. Das müsste man eigentlich eine Woche vorher einnehmen und dann jede Woche 1 Tablette“, erklärte Claudia.

Die anderen beiden hörten uns wortlos zu, dann sagte Wim plötzlich: „Wenn ihr geht, dann gehen wir auch dorthin.“

Hilde akzeptierte Wims Entscheidung gleichgültig. Claudia und ich schauten uns an und hatten nun noch mehr zu überlegen. Da hatten wir doch schneller mit jemanden Kontakt geknüpft, als wir es vorhatten. Allerdings waren die beiden Belgier uns keineswegs unsympathisch.

„Wir überlegen es uns bis morgen früh und wenn wir gehen, dann wecken wir euch“, bestimmte nun Claudia und wir verabschiedeten uns von den beiden.

„Wenn du alleine wärst, würdest du dann gehen?“ fragte sie mich.

„Wenn ich alleine wäre, hätte ich das mit der Malaria wahrscheinlich gar nicht gelesen. Ich würde schon gerne an die Ostküste gehen“, sagte ich nach einer kurzen Pause. „In den Norden gehen wir sowieso sobald wir unsere Dokumente haben, in den Süden kommen wir nach Vietnam.“

„Also gehen wir!“ Claudia hatte sich entschlossen. „Nimmst du Lariam oder nicht?“ ging nun das Grübeln weiter.

„Hm, ich weiß auch nicht. Solange sind wir ja gar nicht dort, die Pille braucht ja 1 Woche, bis sie anschlägt. Nein, ich nehme nichts.“

„Gut – also nur als Stand-by. Über die ganze Tour können wir die Pillen eh nicht nehmen, so nach etwa 3 Monaten verlieren sie ihre Wirkung, da wird der Körper immun dagegen.“

„Und ich würde arm werden, das Zeug ist verdammt teuer. Für 8 Pillen habe ich etwa 40 EUR bezahlt, rechne mal aus, was das kostet. Hier ist es zwar billiger, aber immer noch teuer genug und man soll ja auch so seine Nebenwirkungen haben.“

Und wieder hatten wir einen Unterschied zwischen einem Normalurlauber, der zwischen 2 bis 5 Wochen unterwegs ist, und einem Traveller erfahren.

Wir hatten uns für das Risiko entschieden; für die Ostküste und Ko Chang und gegen Lariam (nur als Stand-by). Mit Hilde und Wim ging es zum nächsten Ziel.

Ko Chang – Insel der Träume

Wir hatten wieder mal ein gutes Timing. Als wir am östlichen Busbahnhof, *Ekamai,* ankamen, stand der Bus nach *Trat* schon bereit. Den Frauen an den Schaltern schien die Arbeit Spaß zu machen, sie kicherten andauernd und waren wirklich sehr freundlich - sie machten beste Werbung für Siam – das Land des Lächelns, wie Thailand früher hieß.

Mit dem Flugzeug wäre es ein Katzensprung, aber mit dem Bus (übrigens ein guter AC-Bus) waren es doch 6 Stunden bis *Trat.* Aber es waren angenehme 6 Stunden, wir waren schon froh, dass wir (entgegen unseres Reiseführers) nicht in *Chantaburi* umsteigen mussten. Das einzige, was unsere Fahrt stoppte war eine Passkontrolle der thailändischen Polizei. Das bereitete uns schon ein flaues Gefühl in der Magengegend, weil wir doch unsere Pässe in der Reiseagentur abgegeben hatten. Anscheinend war die Kontrolle aber nur auf illegal eingereiste Leute aus Kambodscha ausgerichtet, uns ließ man in Ruhe. Kambodscha ist nur noch ein paar Kilometer entfernt, da gibt es immer wieder Unruhen in den Grenzgegenden.

Trat ist immer noch für seine Schmuggelgeschäfte mit Kambodscha berühmt und obwohl sich Thais und Kambodschaner nicht sonderlich mögen, scheint der Markt zu florieren. So hat sich die Provinzhauptstadt still und schweigend zu einem modernen, wohlhabenden Ort an der Ostküste gemausert.

Die Umgebung von *Trat* ist sehr fruchtbar. Außer *Rambutan* und *Mangosteen* wachsen hier auch *Durian*, die im Norden erheblich teurer sind.

Laem Ngop heißt der Ort 17 Kilometer südwestlich, von wo aus die Dschunken nach *Ko Chang* übersetzen. Ein kleines unscheinbares Fischerdorf.

Ko Chang heißt übersetzt ‚Elefanten-Insel', weil ihre Umrisse von weitem betrachtet, die eines Elefanten haben sollen (man braucht eine gehörige Portion Phantasie, um das zu erkennen).

Die Insel ist etwa 30 Kilometer lang und 10 Kilometer breit, ihre bewaldeten Hügel ragen bis zu 740 Meter hoch in den Himmel hinein. Zu Fuß kann man interessante Exkursionen durch den Regenwald und zu schönen Wasserfällen machen. Man sollte gutes Schuhwerk dabei haben, manchmal wird der Weg beschwerlich und länger als geplant, außerdem gibt es Schlangen. Aber nicht nur zu Fuß, auch mit dem Fahrrad oder dem Moped lassen sich einige schöne Aussichtspunkte erreichen, von wo aus man seine Blicke über die Küsten der Insel schweifen lassen kann. Durch die hügelige Landschaft ist der Weg mit dem Fahrrad allerdings nicht immer leicht, obwohl die Beschaffenheit der Straße relativ gut ist.

Inzwischen wird auch hier kräftig gebaut, trotzdem sind die Unterkünfte noch preiswert und angenehm (für Traveller), aber auch hier ist der Tourismus angekommen – vor allem nach dem Tsunami wechselten viele Urlauber die Seiten von Phuket an diese Küste, die lange Zeit nur von einigen Traveller besucht wurde.

Und nun lest unsere Geschichte – der Weg nach Ko Chang

Hungrig kamen wir in der Dunkelheit nach *Trat*. Das erste, was uns ins Auge stach, war ein Nachtmarkt, der natürlich Essbares anzubieten hatte und auch gleich unsere Magen knurren ließ. Der Markt strahlte irgendwie sehr viel Flair aus, viel mehr als die Märkte in Bangkok. Wahrscheinlich war es das Unbekannte. Wir sahen keine Touristen hier und was wir aßen, das wussten wir nicht, aber man konnte es essen. Claudia und Hilde gingen auf Zimmersuche während Wim und ich auf das Gepäck aufpassten.

„Das ist nicht schlecht, dann kann ich ja jetzt ein Bier trinken“, drang aus meiner ausgetrockneten Kehle hervor.

So saßen wir hier am Markt, unterhielten uns über unsere Vergangenheit, ließen es uns gut gehen und warteten auf die Mädels.

„Ach ja, uns lässt man die Arbeit machen und ihr haut euch die Hucke voll“, nörgelte Claudia spaßeshalber. „Wir haben ein Zimmer gefunden, aber es sind 20 Minuten bis dorthin.“

Schweigend schnallten wir die Rucksäcke um und machten uns für einen längeren Marsch bereit. Nach ein paar Metern wechselten die Mädels die Straßenseite und gingen in ein Parkdeck hinein. Wir folgten ihnen ohne zu fragen.

„So, da wären wir“, sagte Hilde.

In dem Parkdeck war der Eingang zu unserem Hotel.

„Von wegen 20 Minuten“, schmunzelte Wim.

Am nächsten Tag brachte uns ein *Songthaew* nach *Laem Ngop*, wo die Dschunken nach *Ko Chang* übersetzen.

Die Dschunke sieht zwar nicht sehr vertrauenerweckend aus, aber die Atmosphäre ist einfach großartig – abenteuerlich. Das Wasser ist ruhig und die Sonne spielt darin. Einheimische bemustern uns, trauen sich aber nicht, uns anzusprechen.

Hier fühle ich mich richtig frei von den Zwängen der Zivilisation, frei – auf dem Weg in ein Abenteuer. Es gibt keine Worte, die ich zu sagen vermag, nur immer wieder bewundernde Blicke hinaus auf den Ozean – in das tiefe Blau, in Erwartung auf das Unbekannte.

Langsam und ruhig gleitet der Kahn auf den Wellen dahin, vorbei an kleinen Inselchen immer weiter hinaus aufs Meer. Vor uns liegt Ko Chang, die alleine schon durch diese Fahrt zu einem Höhepunkt unserer Reise geworden ist. Ihre Hügel sind schon von weitem zu erkennen, spitz und grün ragen sie dem Himmel entgegen.

Songthaews fuhren von der Anlegestelle an die Strände. Wir hatten uns für den *White Sand Beach* entschieden, es solle einer der schönsten Strände der Insel sein.

Die ‚Glücklichen' – zu denen auch ich gehörte – bekamen keinen Sitzplatz mehr und durften die Fahrt auf dem angeschweißten Gitter genießen.

Es ist herrlich! Ich reise wie die Einheimischen. Aufrecht stehe ich auf dem Gitter, halte mich anfangs noch etwas verkrampft fest und lasse Frauen, Kindern und den Alten den Vortritt. Der warme Wind weht mir um die Nase und ich genieße den Ausblick aufs türkisfarbene Meer.

In diesem Augenblick möchte ich nur noch so reisen. Dann holt mich der Fahrer aus meinem Traum: „White Sand Beach, White Sand Beach!"

Unsere einfache, kleine Bambushütte lag direkt an einem weißen Strand, der flach ins Meer hinein führte. Blätter von Laubbäumen vermischten sich mit dem feinen Sand, der nicht mit dem Rechen bearbeitet war, nicht aufgeräumt – naturbelassen.

Das Wasser ist warm und klar und ein wunderschöner Blick vom Meer auf die Hütten und die dahinterliegenden Hügel, vom Dschungel bedeckt, holt ein tiefes „Ah!" aus mir heraus.

Claudia machte es sich unter einem Schatten spendenden Baum in einer Hängematte bequem. Das war ihre Welt; entspannen und in einem dicken Buch schmökern – einfach die Seele baumeln lassen und einen Tag lang nichts tun.

Die einzige Arbeit an diesem Tag war das Aufhängen von unserem eigenen Moskitonetz, das in der Hütte war doch ziemlich durchlöchert und wir hatten die Malariagefahr nicht vergessen.

Und nun lest unsere Geschichte - Der weite Weg zum Klong-Plu Wasserfall

Am nächsten Tag lockte wieder der Unternehmungsgeist. Claudia, Wim und Hilde machten sich für einen Schnorchel Trip fertig, mich reizte mehr das Inselinnere und die Berge.

Ich haderte mit mir, ob ich lieber zu Fuß oder mit einem Fahrrad gehen sollte, letztendlich entschied ich mich für meine zwei Beine.

Es war heiß und der Weg zog sich ganz schön lange hinaus. Dann kam ich endlich an eine Abzweigung, die ins Gebirge hineinführte. Ich lief und lief, aber immer noch kein Wasserfall in Sicht. Langsam glaubte ich nicht mehr daran, dass ich auf dem richtigen Weg war.

„Sawasdee!“ rief ich einem alten Mann zu, der an seinem Haus einen kleinen Stand aufgebaut hatte und Wasser verkaufte.

„Sawasdee, sawasdee!“ grüßte er freundlich zurück.

„Klong Plu Nham tok (Klong-Plu Wasserfall)?“ fragte ich ihn.

Er zeigte in die Richtung aus der ich gerade kam und sagte: „Five“. Dann zeigte er erst geradeaus und dann nach links. Zurück zur Hauptstraße also und dann links.

Für meinen langen Weg kaufte ich bei ihm noch eine Flasche Wasser und versuchte mein Glück.

Die Zeit verging und ich war immer noch nicht einmal in der Nähe eines Wasserfalls. Drei Flüsse müsste ich überqueren, hatte mir ein anderer Mann am Straßenrand in gutem Englisch erklärt, dann würde ein Schild auf einen Weg zum Fall zeigen.

Über die drei Flüsse war ich schon längst gegangen, aber ein Schild hatte ich nicht entdeckt.

Dem Stand der Sonne und dem Zustand meiner Füße nach, musste ich mindestens schon 10 Kilometer gegangen sein. Rechts sah ich einen Weg zur Meeresseite hin ein zweigen und ein Schild mit der Aufschrift ‚hobby-hut‘. Ein Cowboyhut war daran befestigt, das war zwar nicht der Weg zum Wasserfall, aber für einen alten Cowboy sah das doch recht vielversprechend aus.

Die ‚hobby-hut‘ war eine gemütliche, kleine Bar, die einem Iren gehörte, der sich vor 15 Jahren hier niedergelassen hatte. Ich setzte mich erst mal und trank ein kaltes Bier.

„Kannst du mir sagen, wie ich zu dem Klong-Plu Wasserfall komme?“ fragte ich.

„Da bist du schon zu weit gelaufen“, antwortete er. „Wenn du an der Straße nach links gehst, dann bis zu dem Fluss – und davor führt ein kleiner Weg nach oben.“

„Wie weit ist es bis dorthin?“

„Schätze so 2 Kilometer."

Gut erholt machte ich mich auf den Weg und folgte der Beschreibung des Iren den kleinen Weg nach oben. Nach einer Weile traf ich auf ein paar Kinder, die mich zu einem thailändischen Fußballspiel einluden, wo man einen kleinen aus Bambus geflochtenen Ball einander zuspielt, der nicht den Boden berühren sollte.

Kurz darauf verengte sich dann der Weg zu einem schmalen Pfad und die Stille fing an. Der Weg war nicht schwierig und endlich sah ich, wie das Wasser etwa 20 Meter in eine enge Schlucht stürzte – der Klong-Plu Wasserfall.

In einem kleinen natürlichen Pool genoss ich das erfrischende Süßwasserbad und vergaß ein wenig die Zeit. Erst als die Sonne hinter den Bäumen verschwand, machte ich mich auf den Rückweg. In nassen Klamotten und mit nassen Füßen in den Sandalen wollte ich vor Einbruch der Dunkelheit an unserem Strand sein. Ich legte ein gewaltiges Tempo hin, woran ich noch lange denken sollte. An meinen Füßen bildeten sich Blasen und so schnell ich auch lief, die Dunkelheit holte mich ein. Der Versuch einen *Songthaew* anzuhalten scheiterte kläglich, somit kam ich 2 Stunden nach unserer vereinbarten Zeit mit wundgescheuerten Füßen ans Ziel. Zu meiner Überraschung war von den anderen nichts zu sehen, die Hütten waren unberührt. Wie Claudia später erzählte war der Motor kaputt und ein anderes Boot musste sie aufnehmen.

Und nun lest unsere Geschichte - Mit dem Rad die Küste entlang

Claudia ging es nicht sehr gut, sie hatte Probleme mit dem Rücken und wollte lieber am Strand bleiben. Wim und Hilde wollten mit einem Moped die Insel erkunden, ich hatte mich für ein Fahrrad entschieden. Also machte ich mich wieder alleine auf den Weg zu meiner zweiten Erkundungstour.

Erst führte mich der Weg wieder in die Nähe des Wasserfalls, aber diesmal ließ ich ihn links liegen und fuhr noch ein ganzes Stück weiter. Das Fahrrad war – so wie meine Füße - nicht gerade im besten Zustand, es ging nur der kleinste und der größte Gang und Bremsen waren so gut wie keine vorhanden – aber wir wollen ja nicht lästern. Das sollte mich keinesfalls daran hindern, die herrlichen Ausblicke auf die Buchten zu finden.

Es ging bergauf und bergab, auf und ab, immer höher hinauf. Auf einem Holzschild eingeritzt sah ich dann den Wegweiser zum ‚Seaview-Point'. Die Straße endete, nur noch ein holpriger Weg führte durch einen dichten Palmenwald und wurde immer steiler. ‚200 Meter' zeigte ein Schild an.

‚Na ja, 200 Meter sind nicht die Welt', sagte ich ziemlich erschöpft zu mir und trieb mich an. „Peng!" Eine Kokosnuss knallte direkt neben mir auf den Boden und zersplitterte in 1000 Einzelteile.

Inzwischen war der Weg so steil geworden, dass ich das Rad nur noch schieben konnte – und dann war Endstation. Wollte ich den Ausblick sehen, musste ich das Rad stehen lassen und zu Fuß weitergehen. Die 200 Meter waren längst vorbei. Ein Kerl in langen Militärklamotten, der in dieser Mittagshitze längst seine Arbeit niedergelegt hatte und eine Siesta abhielt, winkte mich lächelnd immer weiter nach oben. Jetzt konnte ich den Hügel sehen und wollte unbedingt dorthin. Mir wurde schwarz vor Augen, aber die Strapaze hatte sich gelohnt. Als ich mich wieder erholt hatte, konnte ich einen umwerfenden Blick über die Strände, Buchten und die vorgelagerten Inseln an der Westküste Ko Changs so richtig genießen. Leider sorgte die sengende Sonne nicht gerade für einen Weitblick.

Auf meinem Weg zurück hielt ich noch einige Mal an. Es war schwer mit den Menschen ins Gespräch zu kommen. Die meisten sprachen kein Englisch und verhielten sich sehr reserviert zu Fremden.

Claudia fand ich vor, wie ich sie verlassen hatte – in einer Hängematte am Strand.

Auch der nächste Tag gehörte dem Strand und dem Meer. Schwimmen, schlemmen und eine ‚supertolle zweistündige Massage' - um mit Claudias Worten zu sprechen - waren die Hauptaktivitäten an diesem Tag.

Es war unser letzter gemeinsamer Abend mit Wim und Hilde zusammen, am Morgen wollten Claudia und ich wieder weiterziehen. Wir gingen gemeinsam aus und die beiden erzählten von ihrer turbulenten Vergangenheit.

Wir waren uns in dieser kurzen gemeinsamen Zeit ziemlich nahe gekommen und hätten nichts dagegen gehabt, wenn sie uns weiter auf unserer Reise begleitet hätten.

Aber das Ende dieses Abends bedeutete das Ende unserer gemeinsamen Zeit – und wer weiß, ob wir uns jemals wiedersehen werden.

Zurück in Bangkok

Wir waren natürlich nicht nach Bangkok zurückgekehrt, weil uns die Stadt so gut gefallen hätte, obwohl sie sicher nicht zu verachten ist. Für uns rückte die Stunde der Wahrheit näher. Waren unsere Pässe nun da oder gab es dieses kleine Reisebüro mit der kleinen, quirligen Chefin etwa gar nicht mehr? Je näher wir kamen, desto mehr stieg die Spannung in uns, aber unsere Sorge war unbegründet. Die Chefin agierte mit demselben Elan hinter ihrem kleinen Schreibtisch wie zuvor. Es war alles glatt gegangen, nur mussten unsere Papiere noch von einer anderen Stelle abgeholt werden. Wir hatten Vertrauen und sagten, dass es reichen würde, wenn wir sie am nächsten Morgen bekämen. So machten wir uns wieder auf den Weg, um Neues zu entdecken.

Wir übernachteten diesmal nicht in *My House* sondern im *Merry V. Guest House*. Die Zimmer waren genauso gut, aber billiger. *My House* schien zwar immer noch die Nummer 1 unter den Gästehäusern dieser Gegend zu sein, doch unserer Meinung nach lag das hauptsächlich an der Werbung der Reiseführer. Viele Traveller sind zum ersten Mal in Bangkok und folgen den etablierten Travelguides, so wie wir es ja auch taten. Wir möchten für *Merry V.* werben, wo die Belegschaft unserer Meinung nach erheblich freundlicher war. Allerdings sind die Dinge hier sehr schnelllebig und was gestern noch super war, kann morgen schon vergessen sein.

Diesmal hatten wir uns für ein Zimmer mit Etagendusche entschieden, das kostete gleich einmal nur die Hälfte und die 4 sauberen Duschen und Toiletten auf jeder Etage reichten auch völlig aus. So hatten wir auch keine Überschwemmung in unserem Zimmer, denn Dusche heißt in dieser Preisklasse nicht etwa eine abgeschlossene Kabine – eine Dusche ist ein einfacher Duschhahn, der neben dem Waschbecken angebracht ist. Wenn geduscht wird, steht also auch die Toilette unter Wasser. Nun werden vielleicht einige sagen: „Na, man muss ja nicht das Billigste nehmen." Schon richtig – wenn man einen normalen Urlaub plant, der zwischen 2 und 6 Wochen liegt. Aber als Traveller muss man schon ein bisschen aufs Geld schauen, wenn die Reise längere Zeit dauern soll. Außerdem ist man doch nur zum Schlafen im Zimmer, müssen es da 20 Euro oder mehr sein?

Aber nun genug über die Wahl des Zimmers, schließlich muss das jeder selbst entscheiden.

Unser Interesse am Abend galt *Patpong*, der Amüsiermeile von *Bangkok*, die auch in vielen Prospekten und Büchern unter den Sehenswürdigkeiten der Stadt zu finden ist (aber das ist die Reeperbahn in Hamburg auch).

Der schöne Markt der Flaniermeile zeigt mit Einbruch der Dunkelheit sein zweites Gesicht und verwandelt sich zu einer Gegend, die nicht ungefährlich ist; wenn es Nacht wird in *Patpong*.

Und nun lest unsere Geschichte – Warnung vor Patpong

„Claudia, du weißt schon, was uns in *Patpong* erwartet?“ fragte ich lieber noch einmal nach.

„Klar! Unzüchtige Shows, Striptease und *Gathoays*“, antwortete sie keck.

Die Beschreibung konnte nicht treffender sein. Die Gegend um *Patpong* war der Sündenpfuhl Bangkoks. Jeder Einheimische den wir nach dieser Gegend fragten, riet uns ab, dorthin zu gehen: „Zu gefährlich!“ hieß es.

Wir schlugen die Warnung in den Wind und wollten sie trotzdem sehen, die *Gathoays* - die so unglaublich hübschen Transvestiten, nach deren Figur sich so manche echte Frau die Zähne ausbeißen würde.

„Hey, sst...st...“, säuselte ein thailändischer Mann, der sein langes Haar zu einem Schwanz gebunden hatte. „Hey, farangs! Wollt ihr eine Show sehen?“

Er kam herüber und drückte uns ein Prospekt in die Hand.

„Kommt in mein Restaurant, dort gibt es eine Supershow“, drängte er weiter und zog mich am Arm hinter sich her.

„Sollen wir?“ fragte ich Claudia skeptisch. „Ich würde schon gerne. Ich war mal in Hamburg in einer Show, das war eigentlich ganz nett.“

„Was kostet das?“ fragte Claudia argwöhnisch.

„Es ist nicht teuer. Jedes Getränk nur 65 Baht und der Eintritt ist frei.“

Das wäre wirklich billig, kaum teurer als in normalen Restaurants.

„Möchtest du?“ fragte Claudia.

„Ich schon – und du?“

„Na, ich weiß nicht...“, stockte sie. „Na ja, warum auch nicht, wenn wir schon mal hier sind“, sagte sie dann letztendlich.

Auf dem Weg zur Bar musterte ich den Typen noch etwas ab. Er war etwas kleiner als ich, aber sehr sehnig. Er hatte einen kräftigen Brustkorb, breite Schultern und seine Hände sahen aus, als ob sie ans Zupacken gewöhnt waren.

„So, hier hinauf, bitte“, sagte er höflich und zeigte auf eine Holztreppe, die nach oben führte.

„Wie? Da rauf?“ fragte Claudia misstrauisch.

„Ja, bitte!“

„Und das Bier kostet wirklich nur 65 Baht?“ fragte ich nochmals.

„Ja, ihr könnt euch auf mich berufen. Ihr bezahlt keinen Eintritt und jedes Getränk kostet nur 65 Baht.“

Schweigend folgten wir ihm die Holztreppe hinauf, dann führte ein langer dunkler Gang in einen großen düsteren Raum mit schummrigem Rotlicht. Mir wurde etwas mulmig in der Magengegend, aber ich sagte keinen Ton. In der Mitte des Raumes stand eine Bühne, auf der sehr leicht bekleidete Mädchen tanzten. Ringsherum waren lauter kleine Nischen, geschaffen für zwei Personen (zum Glück war Claudia bei mir).

„Sag mal, findest du eine von denen attraktiv?“ fragte Claudia.

„Nein! Ich glaube, die machen das auch noch nicht lange. Schau mal, wie die herumhampeln und herumgackern. Die wissen ja gar nicht, was sie tun müssen.“

Von Tanz konnte keine Rede sein. Es war nichts da, was auf den Besucher erotisierend wirken könnte. Nichts von dem Flair auf St. Pauli.

Bisher waren wir die einzigen in diesem ‚Etablissement, was uns schon komisch vorkam. Kurz darauf kamen dann einige Kerle herein, die auch gleich becirct wurden.

Wir schauten den pummeligen Nackedeis noch eine Weile zu und wollten dann gehen.

„Bezahlen? Dort drüben an der Kasse!“ rief die Bedienung in bescheidenem Englisch zu und ich hatte so eine Vorahnung, was nun kommen würde.

„Das war ein Bier, eine Cola, die Ball Show, die Rauchshow, die Tanzshow, ... das macht 1 000 Baht.“

„Was? Der Typ, der uns herein brachte sagte, die Show sei umsonst und das Getränk würde 65 Baht kosten.“

„1 000 Baht“, wiederholte der Kassierer ruhig.

„Uns wurde 65 Baht gesagt!“ wiederholte Claudia empört.

„Von wem?“

„Na, von dem Typ ...“, versuchte Claudia zu erklären, aber der Kassierer fiel ihr ins Wort.

„Was für ein Kerl? Ich kenne keinen Kerl!“

„Du weißt genau, wen wir meinen. Schließlich arbeitet der Typ für dich“, behauptete ich genervt.

„Ich kenne keinen Typen!“ schrie der Kassierer ungeduldig. „1 000 Baht!“

Während Claudia und der Typ weiterstritten suchte ich die Bedienung und zerrte sie zu ihm hin.

„Sie weiß ganz genau, wen wir meinen!“ brüllte ich.

„Kein Englisch! Kein Englisch!“ stotterte sie ängstlich.

Der Kassierer sprang von seinem Stuhl auf: „Lass sie los! Und du, geh‘ an deine

Arbeit!“ brüllte er wütend.

„Das ist eine ganz linke Sache, die du da abziehst und das weißt du auch!“

Claudia war in Rage. Sie versuchte an seine Moral zu appellieren. Aber was für eine Moral?

„Wir haben gar nicht so viel Geld dabei“, sagte sie.

„So, wie viel hast du denn? Zeig mal her.“

„He, Jacko, gib mir mal Kleingeld, ich hab‘ nur große Scheine“, flüsterte sie zu mir herüber.

„Ich habe auch nur große Scheine, ich war doch vorher auf der Bank.“

„Na komm, mach schon. Leg‘ das Geld auf den Tisch“, drängte der Kassierer ungeduldig. „Oder soll ich dich durchsuchen?“ fragte er mit einem hämischen Grinsen.

Inzwischen hatten sich seine Gehilfen um uns herum versammelt und einige sicherten den Ausgang, dass wir nicht abhauen konnten. Er hätte Claudia sicherlich liebend gern durchsucht und mich am besten in den Gully gekippt.

„Also gut!“ schrie ich und knallte meinen Presseausweis auf den Tisch. „Ich zahle die verdammten 1 000 Baht, aber du kannst Gift darauf nehmen, dass ich deinen verfluchten Schuppen mit Namen und Wegbeschreibung in meinem Buch nennen werde. Kein einziger Tourist wird mehr kommen, alle werden gewarnt sein und von deinem Laden fern bleiben!“

Sein Gesicht verfinsterte sich und ich hoffte, dass er mich nun nicht gleich um die Ecke bringen würde.

„Gebt mir 250 Baht und verschwindet!“ sagte er überraschend. „Überlegt doch mal selbst. Bei 65 Baht für jedes Getränk kann ich ja nicht mal die Mädchen bezahlen, da kann ich vielleicht eine Imbissbude aufmachen aber keine Striptease-Bar.“

„Das sehe ich ein, du hast ja recht“, gestand ich zu. „Aber du kannst das doch nicht auf diese Weise tun, indem du draußen falsche Preise vorgaukelst.“

Wir zahlten die 250 Baht und machten uns schleunigst auf den Weg, bevor er es sich wieder anders überlegen würde.

Als wir das dunkle Loch verließen, kam im selben Augenblick ein anderer Tourist die Treppe herauf – abgeschirmt von 2 anderen ‚Schleppern‘, dass er ja nicht mehr zurückginge.

„Hey, man! Geh‘ da nicht rauf. Das ist eine ganz linke Tour!“ rief ich ihm hinterher. Er hörte mich nicht. Dann wurde ich von anderen Thais abgedrängt. Wer weiß, wie viel sie von ihm abzocken.

‚Das geschieht euch ganz recht. Wie kann man auch so blöd sein?‘ werden jetzt vielleicht einige sagen. Aber, wenn ihr ehrlich seid, ertappt man sich immer wieder bei Fehlern, die eigentlich gar nicht mehr passieren dürften. Wir sind ja wirklich nicht von gestern und waren ja auch schon ein wenig in der großen, weiten Welt unterwegs – und trotzdem passiert's!

Höre ich da gerade jemanden sagen, dass würde mir nieeeee passieren!?"

Wir streiften noch ein paar Mal durch die Gassen und schauten, was es so alles zu sehen gibt.

„Mann, schau dir mal die tollen Frauen da drüben an", sagte ich zu Claudia.

„Ja, wirklich toll! Eine Traumfigur und bildhübsch", gestand sie zu. Nur schade, dass es keine Frauen sind – schau dir mal den Kehlkopf an."

Stimmt, es waren *Gathoays* – Transvestiten, die auf Kerle warten, die es auf ein sexuelles Abenteuer abgesehen haben. Meistens warten sie auf Betrunkene, die zu spät bemerken, mit wem sie es zu tun haben. Sie locken die Kerle in ein Zimmer und kassieren vor der Leistung ab – lassen sie dann die Hose herunter, dann kommt die große Überraschung. *Gathoays* sind gefährlich, meistens sind sie bewaffnet.

Seitdem Claudia mir den Tipp mit dem Kehlkopf gab, schaue ich bei jeder schönen Frau zuerst auf den Kehlkopf.

Der nächste Tag war wieder ein Tag der Weiterreise. Von Bangkok aus ging es nun in den Norden nach *Ayutthaya*, etwa 80 Kilometer entfernt. Es war unsere erste Bahnfahrt in Asien, vor der es uns schon ein wenig graute. Schließlich liest und hört man

so viel über die völlig überfüllten Züge – und dann mit dem ganzen Gepäck durch den engen Gang...

Aber dann kam die Überraschung; der Eingang und der Gang war nicht enger als in unseren Zügen, jedem Fahrgast wurde ein Sitzplatz zugeteilt (ohne Aufschlag für Platzreservierung), so dass es keine Diskussionen gab – und es regte sich auch niemand über das viele Gepäck auf (hier reist jeder mit viel Gepäck), nicht wie im ICE, als ich von Friedrichshafen nach Frankfurt fuhr. Im Gegenteil, die Leute halfen uns sogar, den schweren Rucksack nach oben auf die Ablage zu hieven. Hier war man auf Traveller freundlicher zu sprechen als in Deutschland.

Die ganze Fahrt über stiegen Straßenhändler ein und aus und verkauften Obst, Getränke, Essbares und Undefinierbares. Das hat Vorteile, aber auch Nachteile; durch die Konkurrenz sind die Preise nicht so unverschämt teuer, aber es nervt, wenn sie andauernd hin und her laufen.

Nach einer angenehmen Fahrt kamen wir etwa $1^1/_2$ Stunden später an unser Ziel.

Ayutthaya – Stadt der Könige

Ayutthaya – alte, geheimnisvolle Ruinenstadt. Unter dem beinahe vollen Mond liegt Tau auf dem Gras. Mystisch gleiten die Nebelschwaden über dem Boden dahin und steigen auf, bis sie in der Hitze der Nacht verdunsten.

Nur wir sind hier. Niemand ist hier und es ist still zwischen den alten Gemäuern – fast unheimlich.

Nur wenn man die Entfernung zu den anderen Tempeln kennt, kann man sich vorstellen, wie groß und prachtvoll diese Stadt wohl gewesen sein musste. Ich umrunde die steinernen Denkmäler einige Male und versetze mich in die Zeit zurück, als bei Hofe noch gesungen, getanzt und gelacht wurde.

In meiner Phantasie sehe ich Frauen über den Rasen stolzieren, Könige treffen sich mit Königen von anderen Reichen, Händler bringen Waren aus fernen Ländern, feiern mit den anderen und Gaukler unterhalten sie dabei – aber das ist alles nur eine ferne Ahnung.

Über 400 Jahre lang war Ayutthaya die Königsstadt Siams, dann wurde sie von burmesischen Truppen zerstört. Bis heute haben die Thais den Burmesen nicht verziehen, was damals 1767 geschehen war.

Wenn man sich mit einem Thai über Burma unterhalten will, wird man sehen, wie sich sein Gesicht zu einer abwertenden Grimasse verwandelt. Die Burmesen sind für die Thai ein minderwertiges Volk.

Die Könige kehrten nie an den Ort der schmerzlichen Niederlage zurück - Bangkok hieß nun die neue Hauptstadt. Heute kann man nur noch erahnen, wie mächtig das Königreich Ayutthaya einst war – wo 33 Könige regierten. Über 370 Tempel, fast 30 Festungen und 94 Tore zählte man auf dem riesigen Gelände. Ayutthaya konnte es mit sämtlichen europäischen Metropolen aufnehmen, von überall her segelten Schiffe den Menam Chao Praya hinauf, um Handel zu betreiben. Die Pracht der Bauten und Heiligtümer war legendär.

Und nun lest unsere Geschichte – Tempelbesichtigung bei Nacht

Wir kamen gegen 5.30 Uhr abends an und mussten uns sputen, wenn wir einen der Tempel noch im Sonnenuntergang erwischen wollten.

Gleich am Bahnhof kam ein geschäftstüchtiger junger Mann auf uns zu und drückte uns eine Preisliste in die Hand. Damit wollte er wohl sagen: ‚Handeln zwecklos!‘

Wir hatten nicht viel Zeit und die Preise erschienen uns nicht zu hoch, also fuhren wir mit ihm in sein Gästehaus. Nach Claudias schnellem Zimmercheck und ihrem OK machten wir uns auf den Weg. Der geschäftstüchtige Kerl witterte eine Einnahmequelle und bot sich und sein Tuk-Tuk zu unseren Diensten an (hier wieder nicht das Handeln vergessen, am Anfang war der Preis doppelt so hoch).

Ayutthaya ist herrlich umrahmt von den 3 Flüssen; *Menam Chao Praya* (auf dem kann man bis Bangkok fahren), *Menam Pasak* und dem *Menam Lopburi*.

Die Tempel liegen so weit auseinander, da hätten wir ohne Fahrzeug keine Chance gehabt, heute noch einen Großteil der Anlage zu sehen – so riesig war das Königreich aus vergangenen Tagen. Man sollte die Tempel unbedingt zum Sonnenuntergang anschauen, wenn die Sonne die roten Steine in ein malerisches Farbenspiel verwandelt – oder in der Dunkelheit, wenn die Beleuchtung die Meisterwerke glanzvoll anstrahlt. Wir hatten noch dazu das Glück, dass es ein Tag vor Vollmond war; dafür aber auch das Pech, dass wir nicht länger bleiben konnten, sonst würden wir zu *Loy Krathong* nicht in *Sukhothai* sein. Es hätte sich sicher gelohnt, einen Tag mit dem Rad oder dem Moped durch die Umgebung zu fahren, aber man kann nicht alles haben - so hetzten wir von Tempel zu Tempel.

Ansonsten hatten wir von Ayutthaya nur den Nachtmarkt gesehen, den konnte man von unserem Gästehaus zu Fuß erreichen – nichts Besonderes und auch sonst sah alles ziemlich trostlos aus. So gingen wir für unsere Verhältnisse ziemlich früh schlafen, am nächsten Tag mussten wir schon wieder um 9.00 Uhr am Bahnhof sein.

Der Vollmond war es, der uns weiter trieb. Wenn der Vollmond im November am Himmel steht, feiert ganz Thailand *Loy Krathong* und wir wollten in *Sukhothai* dabei sein – in der Stadt, von der ich so viel Gutes gelesen und gehört hatte.

Nach unserer guten Erfahrung mit der thailändischen Bahn, hatten wir uns auch diesmal wieder für dieses Fortbewegungsmittel entschieden. Diesmal war die Strecke länger. Nach *Phitsanulok* waren es etwa 370 recht angenehme Kilometer in der billigsten Klasse. 6 Stunden dauerte die Fahrt, dann mussten wir in den Bus nach *Sukhothai* umsteigen, der in Richtung *Tak* weiterfuhr – weitere 70 Kilometer, die etwa $1^1/_2$ Stunden dauerten.

Sukhothai – die Wiege Thailands

Man sagt, wenn man *Ayutthaya* gesehen hat, dann braucht man nicht mehr nach *Sukhothai* zu gehen oder umgekehrt. Das finden wir nicht, *Sukhothai* ist anders.

Sukhothai war das erste Machtzentrum – also die erste Hauptstadt Thailands; noch lange vor *Ayutthaya* und lange bevor *Bangkok* überhaupt geschaffen war.

Okay, der Ruhm gebührt *Old Sukhothai.* Die Stadt selbst liegt etwa 12 Kilometer von dem alten Stadtkern entfernt und hat nicht viel zu bieten. Die Stadt hat mit ihren 25 000 Einwohnern trotzdem einen ländlichen Charakter bewahrt. Die Gästehäuser sind günstig, sauber und die Belegschaft ist freundlich; also der ideale Platz, um von hier aus die historische Reise zurück in die Vergangenheit zu starten. Die Tempel sind noch weiträumiger angelegt als in *Ayutthaya*, ein Fahrzeug ist unerlässlich.

Old Sukhothai oder *Sukhothai Historical Park* wie es genannt wird, war für uns der traditionellste Platz in Thailand. Der Ort strahlt eine erholsame, friedliebende Atmosphäre aus – sogar als *Loy Krathong* war.

Und nun lest unsere Geschichte – Loy Krathong in Sukhothai

Trotz der Menschenmassen ist es so friedlich hier. Boote aus Bananenblättern trieben ruhig im Wasser dahin. Auch ich kaufe so ein Boot, bestückt mit einer Kerze, Blumen und Räucherstäbchen – es ist für Claudia.

Sie zündet die Kerze an und setzt es aufs Wasser. Da geht es fort, wahrscheinlich von einem Wunsch begleitet mit den Gedanken an ihren Liebsten – der so weit fort ist von ihr. Ich sehe, wie traurig sie ist, dass er jetzt nicht bei ihr sein kann und bete, dass ihr Wunsch in Erfüllung geht.

Loy Krathong ist immer in der Vollmondnacht im November. Die kleinen Boote aus Bananenblättern sind Opfergaben an *Mae Khinghe*, die Göttin des Wassers – ein Fest, das an Romantik und Atmosphäre nur schwer zu übertreffen ist.

„Tut mir leid, wir sind völlig ausgebucht“, sagte die nette Empfangsdame im *Chinawat Hotel*.

„Ich glaube, diesmal müssen wir etwas tiefer in die Tasche greifen“, meinte Claudia.

Wir versuchten es in anderen Hotels, aber die waren auch schon alle voll. Wir hatten nicht daran gedacht, dass das Fest so beliebt ist und die meisten schon Tage zuvor reserviert hatten. *Sukhothai* ist für seine Größe auch nicht so gut mit Unterkünften bestückt.

„Hey! Sucht ihr eine Unterkunft?“ fragte ein Mann auf der Straße. „Ich weiß da noch eine, kommt mit.“

Was sollten wir denn auch anderes tun? Unsere Rucksäcke schienen immer schwerer zu werden und zu Fuß... - nein danke. Wir setzten uns in seinen Samlor und er fuhr uns ein paar Meter weiter.

Vor einem Haus, das alles andere als ein Hotel war, hielt er an und rief hinein. Langsam kam jemand heraus.

„Wie viel kostet das Zimmer?“ fragte Claudia skeptisch.

„120 Baht!“ antwortete die hübsche junge Frau und lächelte.

Der Preis schien mir in Ordnung und ich nickte.

„Pro Person“, fügte sie nachträglich hinzu.

Claudia erschien das ein wenig zu hoch, aber bei so einem Fest...

„Können wir es sehen?“ fragte sie vorsichtig.

„Sicher“, sagte die Frau und zeigte auf eine Art Garage hinter sich.

„Wie? Aber..., aber das soll wohl ein Witz sein. 240 Baht... - für das...?“ stammelte Claudia, während die Frau nur schweigend nickte.

„Das ist Wucher, wissen sie das?“

„Ja“, antwortete die Frau ruhig und lachte verschmitzt.

Es waren 6 Schlafstellen in diesem kärglich eingerichteten Raum; nur Matratzen auf einem Betonboden über denen ein Moskitonetz hing. Jede Schlafstelle war mit einem Leintuch von der anderen getrennt.

„Nein“, sträubte sich Claudia kopfschüttelnd, „da gehe ich nicht hinein, ihr sagtet, dass ihr ein Zimmer hättet und dann bringt ihr uns zu einer Garage“, fuhr sie die Samlorfahrer an.

Claudia schimpfte, ohne Luft zu holen, aber das beeindruckte die Thailänderin überhaupt nicht. Sie war sich ihrer Position bewusst, sie war es, die fordern konnte. Widerwillig ließen wir unser Gepäck hier und teilten die Schlafstätte mit 4 Fremden, Dusche und WC zusätzlich noch mit den Familienmitgliedern.

„Und was ist mit dem Gepäck? Ist das auch sicher?“

Die Thailänderin zeigte auf das Gitter an der Garage und auf ihren Bruder, der abwechselnd mit seinen Geschwistern die Nacht über Wache hielt.

Wir schauten uns erst einmal in der Nähe um und jedes Mal, wenn wir zurück kamen, warf Claudia der jungen Frau giftige Blicke zu. Diese dagegen blieb immer freundlich und lächelte höflich. Ich sah das alles nicht so verbissen und versuchte Claudia zu beruhigen: „Bei unserem Seehasenfest steigen die Preise auch ins Unermessliche und beim Harley-Treff in *Sturgis* muss man schon bezahlen, wenn man einen Platz für seinen Schlafsack haben will.“

„Na, das hier ist auch nichts anderes“, unterbrach sie mich empört.

„In *Trinidad* steigen die Preise zum Carnival gleich ums Dreifache und das sind dann schon dreistellige Dollarbeträge“, fügte ich noch hinzu und dann war ich wohl besser ruhig.

Ich hatte akzeptiert und freute mich auf *Loy Krathong*.

Endlich war es soweit und wir waren für das große Fest bereit.

Mit einem seltsamen, motorisierten Gefährt, das von 2 bis 4 Personen ausgelegt war, wurden wir nach *Old Sukhothai* gefahren. Das war schon ein komisches Gefühl, so vor dem Fahrer auf der Pritsche zu sitzen.

Schon von weitem sah man die Menschenmengen, die gekommen waren, um an dem Fest teilzunehmen. *Loy Krathong* soll ja seinen Ursprung in *Sukhothai* haben.

Der Fahrer drängelte sich soweit an den Menschen vorbei, wie es nur ging.

Dann war Endstation – Essenstände soweit das Auge reichte.

Erst als es dunkel wurde, kam so langsam eine romantische Atmosphäre auf.

„Komm, Claudia, ich möchte dir auch so ein Blumengesteck schenken“, sagte ich zu ihr und zerrte sie zu einem Verkaufsstand. „Du musst es schwimmen lassen und dir was wünschen, das bringt Glück.“

Ich kaufte das Auserwählte und überreichte es ihr.

„Das ist wirklich nett von dir“, sagte sie gerührt und umarmte mich.

Wir tummelten uns zum Bassin, wo die anderen ihre Gestecke schwimmen ließen.

„Hast du Feuer?“ fragte Claudia.

„Nein“, sagte ich entsetzt. Das ist das Schicksal mit dem wir Nichtraucher meistens leben müssen.

Trotz der überbelegten Garage hatte ich recht gut geschlafen und war zu allen Schandtaten bereit. Wir wollten noch einen Tag länger bleiben und suchten nach einer neuen Unterkunft. Der erste Weg führte uns wieder ins *Chinawat Hotel*. Es war wie ausgefegt, nur wenige waren nach *Loy Krathong* noch geblieben. Wir hatten auch nicht viele Touristen gesehen, fast alle Besucher waren *Thais*. Jetzt hatte sich auch der Preis geändert. Fairerweise gab man auch uns Touristen das Zimmer um 50 % billiger.

Nicht weit vom Hotel fuhr der Bus nach *Old Sukhothai* ab. Mit einem gemieteten Fahrrad fuhren wir durch das riesige Gelände und konnten auch den entfernteren Stätten der alten Ruinenstadt einen Besuch abstatten.

Das eigentliche Stadtzentrum wird von einer Stadtmauer und einem Graben umgeben. Innerhalb dieses Rechtecks sind etwa 20 der Sehenswürdigkeiten zu bestaunen.

Über 60 weitere Ruinen sind außerhalb dieses Geländes zu sehen, zum Teil bis zu vier Kilometer entfernt.

Obwohl das Aufräumkommando auf vollen Touren arbeitete, verschandelte noch jede Menge Abfall die historische Stätte. Aber *Sukhothai* hatte sich gelohnt - trotz *Ayutthaya*!

Tak und Umgebung

Tak ist eine nette kleine Stadt am *Menam Ping* und liegt in einem schönen Tal, wo es sich lohnen würde, einige Ausflüge mit dem Fahrrad oder dem Moped zu unternehmen. Hier sind Europäer noch eine Seltenheit und man trifft auch nicht allzu häufig auf Menschen, die Englisch sprechen – und erst recht nicht Deutsch.

Und nun lest unsere Geschichte - Ein Abenteuer mehr!

Unsere Reise ging nun mit dem Bus weiter in das 70 Kilometer entfernte Städtchen *Tak*.

Eigentlich sollte *Tak* nur eine Umsteigestation auf unserem Weg nach *Lampang* sein, aber dann kam alles ganz anders.

„Wann fährt der nächste Bus nach *Lampang*?“ fragte ich am Ticketschalter.

„6.30 Uhr“, lächelte mir eine freundliche Stimme entgegen.

„Und?“ fragte Claudia.

„Erst 6.30 Uhr abends. Diesmal hat unser gutes Timing nicht hingehauen", sagte ich etwas trübselig mit der langen Wartezeit vor Augen. „Was machen wir denn so lange?"

„Jedenfalls nicht hier so lange herumsitzen. Ich frag‘ mal, ob wir unser Gepäck hier lassen können."

„Sicher", sagte die junge Frau am Schalter bereitwillig und nahm die Rucksäcke in den kleinen Raum hinein. „Aber um 7.00 Uhr schließen wir."

„Ist gut, bis dahin sind wir längst zurück", glaubten wir zu dieser Zeit zumindest.

„Dann können wir ja mit dem Bus zum *Bhumipol-Staudamm* fahren", schlug Claudia vor.

Inzwischen hatten wir Vertrauen zu den Thais entwickelt und glaubten nicht, dass sie unsere Rucksäcke ausräumen würden. Die Frau am Schalter machte einen sehr netten Eindruck; es waren bisher eigentlich alle sehr freundlich zu uns gewesen – vielleicht zu freundlich, das macht uns Deutsche stutzig.

Die Fahrt zog sich lange hinaus, nach $1^1/_2$ Stunden waren wir erst in das kleine Dörfchen *Ban Tak* gekommen, das etwa in der Mitte unseres Weges lag.

„Schön, nicht?" sagte ich zu Claudia.

Die Holzhäuser schmiegten sich so idyllisch an den Fluss, dass ich mich richtig für das Dorf begeistern konnte.

„Vielleicht können wir ja auf dem Rückweg hier aussteigen."

Nach einer weiteren Stunde Fahrt waren wir dann endlich am Stausee, der zu den größten Südostasiens zählt. Totenstill war es hier.

‚...dem Ziel, zu dem es alle Thais an den Wochenenden zieht‘, stand im Reiseführer. Was war los? Hatten wir vielleicht gar nicht Sonntag? Oder war man vom *Loy Krathong* noch so geschafft, dass man es noch nicht machen konnte?

Obwohl wir uns nicht unbedingt nach einem Gedränge sehnten, suchten wir doch nach einigen Menschen, aber außer einer schaurig klingenden Musik aus dem Lautsprecher war hier ‚die Katze im Dorf begraben‘, wie man so schön sagt.

„Schau mal, die riesigen Blumengestecke", sagte dann Claudia plötzlich.

„Wofür sie die wohl machen?"

Eine Frau sah, dass wir uns für die Gestecke interessieren und winkte uns zu sich herüber.

„Heute Abend ist ein großer Umzug in Tak", erklärte sie, „wir feiern *Loy Krathong*."

Eigentlich war Vollmond schon vorbei, aber das nimmt man hier wohl nicht so genau. Vielleicht war das die Erklärung, warum hier nichts los war – alle bereiteten sich auf *Loy Krathong* vor.

Um 3.00 Uhr fuhr der Bus wieder nach *Tak* zurück.

„Sollen wir da raus?“ fragte Claudia, als wir wieder nach *Ban Tak* kamen.

Ich nickte eifrig. Zu diesem Zeitpunkt wussten wir noch nicht, dass wir gerade aus dem letzten Bus nach *Tak* ausgestiegen waren. Gemütlich schlenderten wir die staubige Straße entlang und genossen den malerischen Ausblick über den Fluss.

Erst als wir nach dem nächsten Bus fragten, wurden wir von allen Seiten belächelt.

„Der nächste Bus? Hier fährt heute kein Bus mehr, aber ich kann euch ein Moped vermieten“, bot ein Mann an, der wohl ein Geschäft witterte.

„Wie? Hier fährt heute kein Bus mehr?“ fragte Claudia ungläubig.

Wir wollten es nicht glauben, dass kurz nach 4.00 Uhr kein Bus mehr fahren sollte.

„Wollt ihr nun das Moped?“ fragte der Mann nochmals nach.

„Was sollen wir denn mit einem Moped, das müssen wir ja dann wieder zurückbringen“, erklärte ich genervt.

Ein Motorradtaxi brachte uns dann zur Hauptstraße. Nun hieß es laufen, es war 4.30 Uhr vorbei und ein Straßenschild zeigte: *Tak* 22 Kilometer.

„Bis 7.00 Uhr schaffen wir das nie, unsere Rucksäcke können wir uns abschminken“, sagte ich zu Claudia.

„Nein, das können wir nicht schaffen. Aber, was sollen wir tun?“

„Trampen!“ schlug ich vor. „Jetzt hilft nur noch Trampen! Hübsche Frauen werden schneller mitgenommen.“ Ich wollte Claudia überzeugen, dass sie den Daumen in den Wind strecken sollte, aber sie wollte nicht so recht.

„Ich hab‘ noch nie getrampt, ich weiß nicht...“

Die Bürde blieb an mir hängen und ich stand am Straßenrand. Natürlich durfte ich nicht so trampen wie in Deutschland, in Thailand wäre das als Beleidigung aufgefasst worden. Hier streckt man nicht den Daumen nach oben, hier winkt man mit der Handfläche gen Boden.

Ich wollte es nicht glauben, aber kaum hatte ich mich hingestellt, hielt auch schon der erste Wagen an.

„Komm, schnell, bevor er es sich anders überlegt!“ rief ich Claudia zu.

Wir kletterten auf die Ladefläche des Pick-ups und sprachen mit den beiden.

Der Beifahrer drückte mir gleich ein *Singha-Bier* in die Hand.

„Toll! Thailand ist ein herrliches Land für Tramper. Das gefällt mir.“ Ich war begeistert und freute mich, dass ein Wagen so schnell angehalten hatte.

Nach einer Weile wurde der Wagen dann langsamer. Der Beifahrer zeigte eine Pause an und sie bogen in eine kleine Seitenstraße ein, die bald zu einem Schotterweg wurde.

„Wohin fahren die mit uns?“ fragte Claudia nachdenklich.

Ich hatte ein seltsames Gefühl und dachte an einen Überfall, aber ich wollte nichts sagen. An einem kleinen See stoppte der Wagen und die beiden stiegen aus - dann sah ich, wie der Beifahrer eine Pump-Gun und einen Munitionsgürtel aus dem Auto nahm.

„Police, Police!“ rief der Fahrer gleich, als er wohl sah, wie meine Augen immer größer wurden. Dann zeigte er auf eine Hütte am anderen Ufer des Sees und sie liefen darauf zu. Sie ließen uns einfach hier allein, das passte mit einem Überfall wiederum überhaupt nicht zusammen. Immer noch saßen wir auf dem Pick-up, warteten und grübelten nach. Waren es wirklich Polizisten? Aber nein, ein Polizist würde mir nicht gleich ein Bier anbieten und selbst eins trinken, wenn er fahren muss. Aber wir sind hier in Thailand – vielleicht doch.

„Was meinst du, sollen wir abhauen?“ fragte ich Claudia.

„Du bist der Boss, du hast schon öfters getrampt. Ich verlasse mich auf dein Gefühl.“

Ihr Vertrauen ehrte mich zwar, anderseits drängte sie mich in die Verantwortung. Sie überließ die Entscheidung einfach mir, steckte aber schon mal vorsichtshalber ihre Kreditkarte in die Socke.

Mir kamen alle Gedanken von früher in den Kopf; als ich einmal mit dem Messer bedroht wurde oder als man mir eine Pistole an den Kopf hielt, ...

Ich sorgte mich eigentlich mehr um Claudia als um mich, sie dagegen wartete gelassen ab.

Nach einer Weile winkten die zwei zu uns herüber, dass wir zu ihnen zur Hütte kommen sollten. Mir gefiel unsere Situation überhaupt nicht.

„Komm, wir hauen ab!“ schlug ich vor und sprang von der Pritsche. Claudia war die Ruhe in Person. Wieder winkte einer herüber und kam uns langsam entgegen.

„Komm, lauf schneller“, drängte ich, aber Claudia trottete immer noch gemütlich dahin. Erst als der Mann immer schneller wurde, rannten auch wir.

Endlich hatten wir die Hauptstraße erreicht und wir versuchten, so schnell wie möglich ein anderes Auto anzuhalten. Aber schon sahen wir den blauen Pick-up auf die Hauptstraße einbiegen. Sie schnitten uns den Weg ab und hielten direkt vor uns an.

„Steigt ein, wir bringen euch nach *Tak*!“ rief der Fahrer zum Fenster hinaus.

„Wir sind nur gegangen, weil wir um 7.00 Uhr an der Bushaltestelle sein müssen, dort ist unser Gepäck“, erklärte ich. Nicht, dass sie denken würden, wir hätten Angst gehabt.

„Steigt schon auf“, wiederholte der Fahrer.

„Was machen wir?“ fragte Claudia mich, als den Tramperfahrenen.

„Steigen wir wieder auf, sonst kommen wir nie nach *Tak*, es sind immer noch

15 Kilometer. Sobald die wieder irgendwo abbiegen, springen wir runter.“

Die Fahrt ging zügig voran. Claudia stupste mich und zeigte in den Innenraum, dort hing eine Jacke mit einem Sticker, der zu einer Uniform passen würde.

„Vielleicht sind das ja doch Polizisten“, flüsterte sie. „Schau mal, da vorne liegt auch ein Ausweis.“

„Ja, aber Autofahren und Bier trinken zusammen, ist auch in *Thailand* verboten und der trinkt ja schon wieder eins.

Aber jetzt fühlten wir uns doch etwas wohler, die beiden blieben auf der Straße nach *Tak* und die Utensilien, die zu einer Amtsperson gehören könnten, beruhigten uns ein wenig.

An der Bushaltestelle bekamen wir dann die endgültige Antwort. Pünktlich setzten sie uns ab und verabschiedeten sich mit einem freundlichen Händeschütteln. Nun konnten wir alle wieder lachen – mir war es geradezu peinlich, dass wir die Gesetzeshüter für Verbrecher gehalten hatten.

Es war 5 vor 7. Das Mädchen am Schalter wartete schon auf uns. Unser Bus war natürlich weg, aber da wir erfahren hatten, dass wir ein weiteres Mal *Loy Krathong* erleben konnten, war dieser unplanmäßige Aufenthalt nicht so schlimm.

Wir schulterten unser schweres Gerödel und schleppten uns in die Stadt. Der *Songthaew* verlangte einen unverschämt hohen Preis, da gingen wir lieber zu Fuß.

Und nun lest unsere Geschichte - Loy Krathong zum zweiten Mal

Trotz der Aufregung mit den Polizisten und der anstrengenden Zimmersuche gönnten wir uns keine Pause. Gleich ging es weiter zu unserem zweiten *Loy Krathong*, das diesmal am *Menam Ping* stattfand und ganz anders war, als in *Sukhothai*.

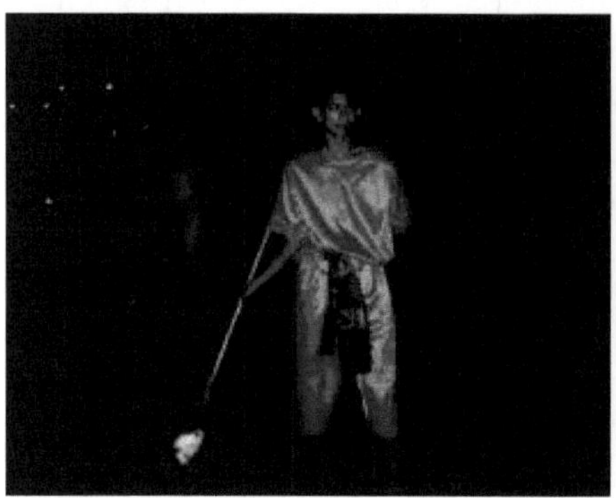

Es ist nicht mehr ganz Vollmond, aber das scheint niemanden zu stören – die Thais sind ein Volk, das gerne feiert. Alles spielt sich am Fluss ab. Von den einzelnen Dörfern dieser Gegend kommen Menschen in ihren traditionellen Trachten zusammen und tanzen, singen und jonglieren mit Feuerstöcken.

Sie haben riesige Figuren oftmals in Gestalt von Tieren gebastelt und präsentieren sie in einem Umzug. Eigentlich sind sie viel zu schön, um sie nachher auf dem Fluss zu verbrennen.

Oh, Mae Khingkhe, du Göttin des Wassers, wie hast du nur die Menschen in deinen Bann gezogen? Sie verehren dich – es sind deine Lichterketten, die den Fluss hinunter treiben.

Über 1 000 Lichterboote sollen es gewesen sein, die den *Menam Ping* hinunter trieben. Feuerwerkskörper krachten durch die Luft und störten die besinnliche Stimmung. Wieder brachte Claudia einen Glücksboten aus Bananenblättern, Räucherstäbchen und einer Kerze zu Wasser, um ihre Wünsche zu senden. 2 Kinder stiegen hinab in den Fluss und schickten das Boot auf die Reise.

Dass man hier nicht in einer Touristengegend war, merkte man vor allem an den Essenständen. Hier wurden Sachen angeboten, die wir auf unserer bisherigen Reise nie gesehen hatten. So beendeten wir den Tag mit einigen Versuchen von unbekannten Speisen.

... und weiter auf dem Weg nach Chiang Mai

Loy Krathong war vorbei und mit einem kleinen Seufzer verabschiedeten wir uns von *Tak*. Wieder hatten wir den richtigen Riecher gehabt und unsere Route richtig gewählt, auch der Weg hierher hatte sich gelohnt.

Wir sitzen an der Bushaltestelle und warten. Während ich meine Notizen mache, setzt sich ein alter Mönch auf eine Bank gegenüber. Sein Gesicht sieht eingefallen aus, seine hohen Wangenknochen drücken beinahe durch die schlaffe Haut hindurch – es scheint, als sei es Fastenzeit.

Gewandt sitzt er im Schneidersitz und beobachtet die Leute um sich herum. Ab und zu wirft er einen flüchtigen Blick zu uns herüber. Er sieht nachdenklich aus, was mag er von uns denken? Ich weiß nicht, ob er sich wohl fühlt in dieser Zeit – in der modernen Zeit. Er sieht ein wenig traurig aus, vielleicht wünscht er sich die Vergangenheit zurück.

Auch in Thailand bringt man den Mönchen nicht mehr diese Ehrerbietung entgegen wie es früher selbstverständlich war.

Lampang - ich wollte unbedingt dorthin. Irgendwo hatte ich gelesen, *Lampang* sei eine Cowboystadt und es würde da jemanden geben, der günstige und gute Stiefel herstellt.

An eine Cowboystadt erinnerten allerdings nur einige Kutscher mit Cowboyhüten, die in bemalten Planwagen durch die Stadt fuhren. Es sah alles arg kitschig aus. Trotzdem war *Lampang* einen Stopp wert. Wer Zeit hat, sollte hier ruhig einige Tage verweilen. Die Menschen waren sehr freundlich und in manchen Straßen kam durch die netten Holzhäuser doch ein klein wenig Country-Atmosphäre auf. Außerdem ist es hier in der Gegend sehr günstig und in der Umgebung gibt es einiges zu erkunden.

Da wäre zum Beispiel **Wat Si Rong Muang**, ein mit schönen Holzschnitzereien verzierter Tempel. Ein paar Kilometer außerhalb der **Wat Phra Kaeo Don Tao, Wat Chedi Sao** (Tempel der 20 Chedis) oder die schönste Tempelanlage, wie viele meinen: **Wat Phra That Lampang Luang**; diese liegt etwa 17 Kilometer außerhalb und ist gut mit einem Moped zu erreichen.

Ein schöner Abstecher zu einigen heißen Quellen wäre auch der **Jae Sorn National Park** (nur mit Motorrad oder Jeep empfehlenswert) oder nicht ganz so abseits, das **Thai Elephant Conservation Center**, wo es auch uns als Nächstes hinzog.

Das Thai Elephant Conservation Center

Etwa 28 Kilometer auf dem Weg nach *Chiang Mai* wird man an der Hauptstraße aus dem Bus geworfen, dann sind es noch etwa 3 Kilometer zu Fuß, bis man den Eingang erreicht. Das Center wurde zum Schutze der Elefanten errichtet, sie zählen zu den bedrohten Tierarten der Welt. Außerdem soll es die Tradition des Arbeitselefanten bewahren – also sozusagen eine Lehre, wo jungen Elefanten beigebracht wird in Reih‘ und Glied zu laufen, Baumstämme zu transportieren und vor allem zu gehorchen. Über eine artgerechte Tierhaltung kann man sicherlich diskutieren, aber die Tiere werden gut behandelt und vor Wilderei bewahrt. Besonders beim alltäglichen Bad sieht man, wie sie es genießen.

Die Vorführungen zeigen, zu was die riesigen Geschöpfe fähig sein können und wie geschickt sie die schweren Stämme fortbewegen – und mal ehrlich; sind wir Menschen etwa zur Arbeit geboren?

Trotz der schönen Umgebung reicht ein halber Tag aus, um sich ausgiebig in dem Center zu informieren.

Vom Eingang des Centers wird man auf einem Pick-up zur Hauptstraße zurückgebracht, von dort aus ist es dann nur noch ein Katzensprung nach *Chiang Mai*.

Chiang Mai – freundliche Stadt im Norden

Fröhliche Menschen fahren an uns vorbei und winken. Es ist heiß und staubig und die Warterei macht müde. Immer wenn wir unsere Handzeichen geben, antworten sie mit denselben oder strecken in westlicher Manier den Daumen entgegen. Anscheinend haben sie noch nicht viele Tramper gesehen und wir sind eine Attraktion für sie – aber mitnehmen tun sie uns nicht.

So warteten wir weiter in einer Affenhitze auf den Bus, der uns dann endlich nach Chiang Mai brachte.

Chiang Mai ist das Herz des Nordens. Mit etwa 180 000 Einwohnern ist die ‚Rose des Nordens', wie Chiang Mai noch genannt wird, eine moderne Hauptstadt geworden. Hochhäuser lassen zum Teil die Tempel unter sich verschwinden und Holzhäuser, die einst das Stadtbild prägten, sind oft nur noch durch schmale Gassen zu erreichen. Trotzdem kann man noch in einigen der friedlichen, uralten Tempelanlagen seine Ruhe finden.

Nirgendwo sonst gibt es in Thailand ein größeres und vielfältigeres Angebot an Aktivitäten; das reicht von geführten Radtouren in Stadt und Umgebung, Massagekursen, Kochkursen, Trekkingtouren, ...bis zu Meditationskursen in einem Kloster.

In Chiang Mai herrscht ein Überangebot an Unterkünften, das lässt die Preise purzeln. So kann man für wenig Geld eine gute Unterkunft bekommen und bei längerem Aufenthalt kann man auch in Hotels Sonderpreise aushandeln.

Chiang Mai war für uns die freundlichste und liebenswerteste Großstadt Thailands.

Das Flair dieser Stadt machen ohne Zweifel die Altstadt, die Märkte und ihre Menschen aus.

Die Altstadt gleicht einem Quadrat und ist von einem Wassergraben und einer Stadtmauer umgeben, von der allerdings nur noch Teile erhalten sind.

In sämtlichen Himmelsrichtungen sind Tore und nur durch die konnte man früher in die Innenstadt gelangen – zum Norden das Chang Puak Gate, zum Süden das Chiang Mai Gate, zum Osten das Tapae Gate und zum Westen das Suan Dok Gate.

Von den etwa 80 Tempeln liegen mehr als ein Drittel in diesem Teil der Stadt. Wenn man gut zu Fuß ist, kann man die Altstadt am besten auf ‚Schusters Rappen' erkunden, ansonsten ist ein Moped von Vorteil, dann kann man auch noch die außerhalb liegenden Tempelanlagen besuchen.

Innerhalb dieses Quadrats und in der Nähe außerhalb liegen auch die besten Unterkünfte, die mit ordentlichen, preiswerten Zimmern und gut organisierten Touren *Chiang Mai* so interessant für den Traveller machen – aber Vorsicht! Es gibt auch andere. Nicht allen glauben und Zimmer besichtigen.

Viele *Tuk-Tuk* Fahrer versuchen, einen an ein Hotel zu bringen. Das ist nicht das schlechteste, wir haben in *Chiang Mai* gute Erfahrungen damit gemacht.

Zu warnen ist noch vor den billigen Bussen, die einen von *Bangkok* nach *Chiang Mai* befördern und ihre ‚Vertragshotels' anfahren.

Wenn man übermüdet im Norden ankommt, nimmt man gerne jedes Zimmer in Kauf - und diese sind oft überteuert.

Ansonsten heißt's Augen auf – dann wird's schon klappen!

Die Umgebung von Chiang Mai

Die Umgebung von *Chiang Mai* hat viele Gesichter. Für den einen gibt es die berauschende Bergwelt mit herrlichen Wasserfällen und kurvenreichen Wegen, die jedem Biker Freund - ganz gleich, ob Fahrrad oder Motorrad - ein verzücktes Lächeln auf sein Gesicht zaubern werden. Für den anderen gibt es die Shopping-Tour. Die mit ihren Einkäufen gewartet haben, werden in *Chiang Mai* belohnt.

Die Fahrer der *Songthaews* und der *Tuk-Tuks* freuen sich über jeden Fahrgast, den sie zu den Fabriken bringen dürfen. Die Preise von den Fahrern dieser Gegend sind im Gegensatz zu Bangkok sehr fair, trotzdem kann ein wenig feilschen nicht schaden – das gehört nun mal zu Asien.

Die Fabriken zahlen Provisionen an die Fahrer, mit der Aussicht auf ein gutes Geschäft mit uns Europäern. Wenn man gut handelt, kann man sich für wenig Geld (oder sogar umsonst) einen ganzen Tag chauffieren lassen und vieles sehen. Hat man sowieso vor, etwas zu kaufen, dann ist das in Ordnung. Das Handeln gilt auch in den Fabriken, sonst bezahlt man hoffnungslos zu viel.

Ansonsten bekommt man hier gute Ware für sein Geld - und im Vergleich zu Deutschland, immer noch sehr günstig.

Bo Sang – das Dorf der Schirmmacher

An der Straße nach Bo Sang reiht sich eine Fabrik an die andere; Kunsthandwerk, Silberschmuck, Holzarbeiten, Keramik, Leder und Seide. Bei Edelsteinen, Ringen, Halsketten, ... sollte man die renommierten Geschäfte ansteuern, da es auch hier ‚schwarze Schafe' gibt, die Kieselsteine als Diamanten verkaufen. Die Lederarbeiten sind schön, aber völlig überteuert, dagegen sind Holz- und Seidearbeiten preiswert. Will man auf eigene Faust nach Bo Sang, bieten sich die weißen *Songthaews* an, ansonsten - wie schon erwähnt - bekommt man schon sehr günstig seinen eigenen Chauffeur.

Im Dorf selbst ist nicht allzu viel geboten, außer dass man eine Menge von den schönen, bunt bemalten Schirmen und Fächern zu sehen bekommt.

Bo Sang ist das Dorf der Künstler. Hier kann man die Menschen bei ihrer Arbeit beobachten - wie sie die Schirme und Fächer bemalen und herstellen.

Wenn man eigene Vorstellungen und Ideen hat, bieten einige der Künstler an, die Schirme auch mit diesen ‚eigenen' Motiven zu bemalen.

Ab und zu wird ein ‚Fest der Schirme' abgehalten, man sollte sich informieren, wann dieses bunte Treiben stattfindet – vielleicht ist es ja ganz schön.

Mae Sa Valley – ein Trip ins Grüne

Dieses Gebiet wurde eigentlich für die High-Society aus Bangkok geschaffen.

Aber inzwischen interessieren sich immer mehr Touristen für diese landschaftlich, sehr reizvolle Gegend. Kein Wunder; hier gibt es alles, was das Herz begehrt. Wunderschöne Orchideen, herrliche Wasserfälle, Elefanten zum Reiten, Botanische Gärten, ein angenehmes Klima und eine ruhige, hügelige Landschaft, die noch nicht von Touristenmassen überrannt wurde. Am besten lässt sich dieses Gebiet mit dem Motorrad erkunden – aber Vorsicht, es gibt gewaltige Anstiege und rasante Abfahrten. Bei einer Rundtour muss man den Tank immer im Auge behalten, oft ist man weit vom nächsten Dorf entfernt und nicht überall gibt es Benzin. Außerdem ist es empfehlenswert, eine Jacke mitzunehmen.

Abends kühlt es oben doch stark ab.

Von einem Besuch in der Schlangenfarm möchte ich abraten. Die Tiere werden nicht gerade artgerecht gehalten und die Show grenzt an Tierquälerei, da sollte man die Bereicherung der Leute (wem immer es auch gehören mag) nicht unbedingt unterstützen.

Doi Suthep – Chiang Mais Stolz

Das Wahrzeichen von *Chiang Mai* ist ein 1080 Meter hoch gelegenes Kloster.

Es ist etwa 16 Kilometer von der Stadt entfernt und kaum zu verfehlen.

Die kurvenreiche Strecke führt am Zoo vorbei durch eine kühle Waldregion und ist am besten mit dem Motorrad zu erreichen. Wenn man nicht selbst fahren möchte, dann bieten sich die roten *Songthaews* an.

Am Wochenende sollte man die Anlage möglichst meiden, denn *Doi Suthep* ist auch ein beliebtes Ausflugsziel der Thais. Da drängelt man sich dann schon mit einigen 100 Menschen die 290 Stufen hinauf und kommt sich eher vor wie auf einem Jahr-markt und nicht wie an einem Ort der Meditation.

Dass man geplant hatte, eine Gondel zu errichten, das sagt schon alles. Dass es nicht so weit kam, war den Umweltschützern zu verdanken.

Und nun lest unsere Geschichte – Menschen, Märkte, Massage; und wenn es Nacht wird in Chiang Mai

Das *Eagle guest house* wurde in allen Reiseführern hoch gelobt, also nahmen auch wir dieses als unsere Anlaufstelle in *Chiang Mai.* Gleich bei unserer Ankunft lernten wir Annette kennen. Sie kam vor vielen Jahren aus Irland hierher und verfiel erst dem Zauber Thailands und später auch dem eines thailändischen Mannes, sie heiratete und blieb hier.

Weil Annette auch perfekt Deutsch spricht, kommen viele Deutsche zu ihr, aber sie bevorzugt trotzdem ihre englische Muttersprache oder die thailändische Sprache, die sie mittlerweile sehr gut beherrscht.

„Also, das ist euer Buch für Zimmer 108. Da drüben im Kühlschrank gibt es verschiedene Getränke, heißes Wasser für Kaffee oder Tee ist in den Behältern daneben. Wenn ihr etwas wollt, helft euch selbst und schreibt es in euer Buch. Abgerechnet wird zum Schluss."

Es heißt, manche würden mit Annettes lockerer und direkter Art nicht zurechtkommen. Wir können das nicht behaupten, sie war freundlich und sehr hilfsbereit. Sie führt das Gästehaus auf Vertrauensbasis, jeder nimmt was er will und bezahlt wird zum Schluss – zugegeben, manchmal hörte sie sich vielleicht etwas barsch an, aber sie war ja auch nicht unser Kindermädchen.

„Annette, wir würden gerne an einem Massagekurs teilnehmen. Kannst du jemanden empfehlen?" fragte Claudia.

„Ich kann nur eine empfehlen und das ist *Lek Chaya.*"

Annette erklärte uns einiges über sie und schon waren wir auf dem Weg dorthin.

Der Massagekurs

Als wir die familiäre Atmosphäre mitbekamen, war es klar, ab morgen früh würden auch wir für 5 Tage dabei sein. Meistens waren es nur 3 - 4 Teilnehmer, aber nie mehr als 5.

Unsere Lehrerin *Pigun* nahm sich sehr viel Zeit für jeden und gab sich alle Mühe, um uns die Griffe und alles Wissenswerte beizubringen.

Der Kurs startete morgens um 9.00 Uhr und ging bis nachmittags um 4.00 Uhr.

Er war sehr interessant, trotzdem kostete es mich schon jede Menge Überwindung, jeden Tag so früh aufzustehen. Von unserer Unterkunft zum Kurs waren es bei einem flotten Fußmarsch etwa 30 Minuten zu gehen.

Außerdem mussten wir auf dem Weg dorthin einige Barrieren überwinden, die *Chiang Mais* Charakter prägen und die Stadt so interessant machen – die Märkte.

Wer in *Chiang Mai* ist, kommt an den Märkten nicht vorbei. Das Essen ist vielseitig und sehr lecker. Oftmals wussten wir gar nicht, was da in den Töpfen schwimmt, da half einfach nur probieren.

Das Essen hier ist göttlich. Ich weiß nicht, was es ist, es sieht aus wie eine Kartoffel, riecht aber nach Kastanie. Dort drüben schwimmen breite Nudeln in einer würzigen Suppe und ein Stück weiter reihen sich Wassermelonen an Ananas, Mango, Jackfruit, Durian und an vieles, dass ich noch nie zuvor gesehen habe. Es fällt mir schwer, eine Auswahl zu treffen – heute teilen wir unsere Tagesplanung und den Weg nach den Märkten ein.

Und so war es dann auch, Claudia plante unseren Tag.

„Du, wir können doch über den Morgenmarkt zu unserem Kurs abkürzen..."

Dort war dann zuerst mal Wassermelone und Ananas dran (am Morgenmarkt gibt es überwiegend Obst und Gemüse).

„...nach dem Kurs laufen wir dann links an der Straße entlang über den Mittagsmarkt zurück zum Gästehaus..."

Da gab es das, was nach Kastanie schmeckt in Kokosmilch, Pudding, Gebäck und andere Kleinigkeiten.

„...dann zuerst mal ein bisschen relaxen. Tja, und dann wird's schwer – gleich zum Nachtmarkt oder zuerst zum Markt um die Ecke?"

Diesmal hatten wir uns für den Markt um die Ecke entschieden, dort gab es einen *hot pot* - das ist so ähnlich wie Fondue. Das Essen stellt man sich selbst zusammen. Am Tresen liegen unter einem Glaskasten die Gerichte parat; Huhn,

Fischfilet, Rind, Schwein, verschiedenes Gemüse und anderes Grünzeug, das zum Teil aussieht wie Blumenstängel. Da bestellt man dann, was man möchte und kurz später bekommt man einen heißen Topf vorgesetzt, der aussieht wie ein Gugelhupf. Das Auserwählte macht man dann darauf selbst zurecht.

Außen um den Topf herum ist eine Rinne mit kochendem Wasser für Fisch, Gemüse, Nudeln und Ei, was später auch als Suppe gegessen wird.

Das Mädchen hinter dem Tresen sah wohl, wie hilflos wir mit dem Grünzeug waren. Wir wussten ja auch nicht, ob alles essbar war. Sie zerkleinerte alles und stopfte es in die Rinne.

„Siehst du, Claudia? Das ist es, was ich an asiatischen Frauen so mag – sie kümmern sich um einen."

Claudia schwieg und schlemmte genüsslich weiter.

Wie der heiße Topf übrigens richtig heißt, habe ich nie herausbekommen. Die einen sagten *hot pot*, die anderen *sukiyaki* und wieder andere wieder etwas anderes dazu. Jedenfalls war es ein Genuss, ihn auszuprobieren.

„Bist du satt?" fragte Claudia.

„Vorläufig schon, aber später kann ich bestimmt noch etwas vertragen. Der Abend ist noch lang."

„Also, auf geht's zum Nachtmarkt", sagte sie und dachte wohl das Gleiche.

Der Abend war vorbei und wir hatten die Nacht eingeläutet. Der Nachtmarkt von *Chiang Mai* ist wohl der bekannteste Nachtmarkt in Thailand und lockt immer zu einem Bummel.

Es gibt jede Menge Krimskrams, aber es gibt auch schöne Sachen wie Sarongs, Shirts, Schuhe, Schmuck, Uhren – man darf nur nichts Echtes und Wertvolles erwarten, auch wenn Rolex oder Calvin Klein draufsteht, ist das noch lange nicht drin. Die Verkäufer sind lustig und freundlich und lassen mit sich handeln – man muss es sogar, denn sonst weint man später bitterlich, weil man mindestens den dreifachen Preis bezahlt hat.

Ein Einkaufsbummel macht hungrig. Claudia brauchte mich nur anzuschauen und ich wusste schon worum es ging.

Hier am Nachtmarkt gibt es ein teures bayrisches Restaurant (keine Sorge, dass wollen wir euch nicht empfehlen), vor dem sich ein korpulentes thailändisches Pärchen in Dirndl und Lederhose präsentiert – das sieht ja so albern aus.

Aber gleich daneben gibt es für etwa 1 Euro die besten Nudeln der Welt; lange Nudeln, kurze Nudeln, dicke Nudeln, dünne, durchsichtige, ...und alles pikant gewürzt.

Die Leute, die hier nur vorbeiliefen um zu dem Bayer zu gehen, konnten ja nicht ahnen, was sie alles verpassten.

Die Frau hinter dem Topf war so eine richtige ***Nudel-Mama***, die mit strengem Blick das Zepter und den Kochlöffel schwang, aber herrlich kochte.

Weiter hinten gab es noch einen anderen Platz mit interessanten Gerichten.

Das ***Galare Food Center***. Man kauft zuerst Bons und kann die an allen Ständen einlösen und sich mit dem Essen irgendwo hinsetzen. Ab 20.00 Uhr finden auf den verschiedenen Bühnen häufig Shows statt.

Gegen Mitternacht ist hier am Markt Schluss und ein anderes Gewerbe öffnet seine Pforten. Direkt auf unserem Heimweg lag *Chiang Mais* Sündenstraße.

Überall öffneten Bars und draußen standen hübsche Thaimädchen, die jedoch äußerlich kaum von den Transvestiten zu unterscheiden waren.

Ich wäre gerne noch hier herumgezogen, aber es war schon spät und Claudia wollte zurück. Alleine wollte ich sie nicht gehen lassen, man konnte ja nie wissen, ob einige finstere Gestalten auflauern würden (obwohl die sich an Claudia wahrscheinlich ihre Zähne ausgebissen hätten). Ich hätte mir nie verzeihen können, wenn etwas passiert wäre. So ging Claudia voraus und ich folgte in gebührendem Abstand.

Als sie hinter den Toren des Gästehauses verschwunden war, machte ich kehrt und ging in den Sündenpfuhl zurück. Wobei man das hier nicht mit *Bangkoks Patpong* vergleichen darf. Hier gibt es keine Shows und man wird freundlich behandelt, wenn man sich nicht wie ein Schwein aufführt.

Die Mädchen hier waren zum größten Teil keine Prostituierten, es waren schlichtweg nur Animierdamen, die ihre äußeren Reize einsetzten um Gäste heranzulocken (wobei es sich nicht ausschließlich um Männer drehte). Hatten die Gäste erst mal bestellt, waren die Mädels auch schon mit ihrer Provision durch die Hintertür verschwunden und animierten vor einer anderen Bar.

„Das ist nicht immer ungefährlich. Ab und zu erwarten manche Kerle mehr von uns und halten einen fest“, erklärte mir die hübsche Kim, mit der ich mich in den nächsten Nächten noch öfters unterhielt. Sie weihte mich etwas in das nächtliche Treiben *Chiang Mais* ein.

Im Übrigen hatte ich auf meinen nächtlichen Touren überhaupt interessante Leute kennen gelernt.

Da war der Schweizer, der schon seit 4 Jahren versuchte, über seine thailändische Frau als Kick-Box Promoter Fuß zu fassen, aber immer wieder Probleme mit der einheimischen Mafia bekam.

Dann gab es einen Stuttgarter, der seit über 11 Jahren mit Country- & Bluegrassmusik ein gutes Geld in *Chiang Mai* und Umgebung verdiente. Tja, man sollte es nicht für möglich halten, aber John Denver und Bill Monroe sind in Thailand bekannt und beliebt.

Dann war da noch der *Gathoay*, den viele Sextouristen für ein hübsches Thai Girl hielten und im Zimmer ein böses Erwachen erlebten. Die ‚Touris‘ müssen erst bezahlen, dann geht er mit ihnen mit. *Gathoays* sind in der Regel bewaffnet und gefährlich.

Jo, der mit der hübschen Nat verheiratet war; Kim, das Animiermädchen; An, die wissenshungrig alles über Deutschland erfahren wollte; Bee, die lustige Göre hinterm Tresen einer Bar.

„Mach doch mal die Augen zu, ich habe eine Überraschung für dich“, sagte sie, und ich folgte gehorsam. „Jetzt probiere das mal.“

Ich biss ab und schmeckte etwas salziges, es krachte und krümelte in meinem Mund.

„Weißt du, was das ist?“ fragte sie lachend.

Ich wusste es nicht, aber nach ihrem schelmischen Grinsen zu urteilen konnte es nichts Normales gewesen sein. Sie zog ihre Hand unter dem Tresen hervor und streckte mir die andere Hälfte eines getrockneten Tausendfüßlers entgegen.

Es gäbe noch etliche Erlebnisse aus *Chiang Mai* zu erzählen, aber das würde den Rahmen sprengen.

Kim, Nat, Jo, An, Bee, die ‚Nudel-Mama‘, der ‚Chicken-Man‘ und wie sie alle heißen – sie alle sind ein Teil *Chiang Mai*. Sie alle machen diese Stadt so schön.

Wir hatten eine sehr gute Zeit hier. Nach den ersten 2 Tagen dachte ich nicht im Traum daran, dass einem hier etwas zustoßen könnte. Selbst, als ich nachts um 3.00 Uhr durch die menschenleeren Gassen zum Gästehaus schlenderte, fühlte ich mich nicht unwohl. Es war alles so freundlich und friedlich.

Das soll aber kein Freibrief für Unachtsamkeit sein – es ist eben wie zuhause auch, nicht mehr und nicht minder gefährlich.

Ein paar Zeilen weiter oben haben wir den ‚Chicken-Man‘ erwähnt, von ihm müssen wir unbedingt noch etwas erzählen.

Er öffnete seinen mobilen Essenstand immer erst abends. Er war unsere Nummer 1 für den kleinen Hunger und unsere letzte Station vor dem Schlafengehen. Er war der Spezialist für Fleischspieße, Hähnchenschlegel und chicken-wings.

Nie zuvor hatte ich jemanden gesehen, der so liebevoll seine Speisen würzt und mit Öl und Kokosmilch bestreicht. Es waren die besten Hähnchenschlegel und Spieße der Welt.

Man kann nicht gerade sagen, dass wir schon wieder Hunger haben, aber die Speisen unseres ‚Chicken-Mans' duften beim Vorbeigehen so gut, dass wir einfach nicht anders können.

Der Mann sieht aus wie Jacky Chan und hat immer ein Lächeln im Gesicht.

Liebevoll streicht er die Hähnchenschlegel mit seiner Spezialsoße ein, dreht und wendet sie und bestreut sie immer wieder mit Gewürzen. Dazu bietet er mir noch einen Mekhong an, was ihn noch sympathischer macht, wenn das überhaupt noch möglich ist. Seit wir in Chiang Mai sind, hat er uns als Stammgäste. Manchmal frage ich mich, was er an seinen Spießen noch verdienen kann, nach all den Zutaten – und immer ein paar freundliche Worte...gegen 1.00 Uhr nachts... Nacht für Nacht.

Der Mann scheint glücklich und zufrieden zu sein.

Wir setzen uns auf die Stufen der Stadtmauer und genießen unser Essen – nie zuvor hat mir ein Hähnchen auf der Straße besser geschmeckt als heute.

Für mich war der Massagekurs nach 5 Tagen vorbei, Claudia legte noch einmal 2 drauf. Währenddessen machte ich mich auf den Weg zu den *Mae Sa Wasserfällen*.

Der einfachere Weg wäre es, sich mit einigen Leuten zusammenzuschließen und einen *Songthaew* zu mieten. Der billigere aber weitaus beschwerlichere Weg war, es auf eigene Faust zu versuchen. Ein gelber *Songthaew* brachte mich nach *Mae Rim*, von dort ging es dann zu Fuß weiter. Zum Glück hatte ich zuvor noch gut gegessen, denn die Zeit der Pick-ups war vorbei und ich war immer noch 12 Kilometer von den Wasserfällen entfernt. Der einzige, der mir seinen Dienst anbot, war ein *Tuk-Tuk* Fahrer, der unverschämte 150 Baht forderte. In gutem Glauben, dass mich irgendwann ein Auto mitnehmen würde, winkte ich ab und setzte meine Füße in Bewegung.

Fehlanzeige! Die Strecke war wie ausgestorben. Das war zwar sehr idyllisch, aber die Sonne brannte unerbittlich auf mich herab und die wenigen vorbeifahrenden Menschen winkten nur freundlich und fuhren staunend davon.

Erst 3 Kilometer vor dem Ziel hielt noch einmal ein *Tuk-Tuk* vor mir an, aber auch dieser Fahrer wollte meiner Meinung nach zu viel. 80 Baht für 3 Kilometer?

Also lief ich weiter und erreichte ohne fremde Hilfe die Wasserfälle.

Dann zuerst mal eine Verschnaufpause und ein kühles Getränk an einem der Stände, bevor ich die 3 Kilometer lange Steigung in Angriff nahm. Ich glaube, 11 Stufen hatte ich bis zum obersten Pool gezählt.

Auf der rechten Seite war der Weg gut ausgebaut und für jedermann begehbar, während die linke Seite abzuraten ist. Nur mit festem Schuhwerk kann man den steilen Anstieg erklimmen, zu allem hatte ich aber auch noch Schlangen im Dickicht entdeckt. Das veranlasste mich, wieder umzukehren.

Auf den großen Felsen inmitten des herabplätschernden Flusses haben sie sich niedergelassen. Scharen von Thais, die ihren Sonntagsausflug genießen. Beladen mit Speisen und Getränken, einige haben auch ihre Instrumente dabei. Sie singen, lachen, feiern und gehen schwimmen – aber nicht im Badeanzug, das gehört sich im Norden Thailands nicht, sondern in voller Kleidung.

Die meisten gehen nur bis zur vierten Stufe, weitere Anstrengung vermeiden sie. Ab der neunten Stufe ist man dann wieder völlig für sich alleine.

Auf meinem Rückweg traf ich bei Stufe 2, Mai, ein Mädchen, das ich am Abend zuvor in der *X-large bar* kennen gelernt hatte. Sie sollte später meine Rettung sein.

Wie der Weg hierher, so war auch der Rückweg ein Problem.

Die Minibusse, Pick-ups, Taxis, *Tuk-Tuks* und was es noch alles gab waren alle von *Chiang Mai* aus gemietet worden und die Fahrer warteten auf die Rückkehr ihrer Gäste. Also – wieder laufen.

Ein langer Weg lag wieder vor mir, aber dann hupte es plötzlich und ein Moped raste an mir vorbei und hielt ein Stück weiter vorne an. Es war Mai, die Kleine aus der *X-large bar* mit ihrem Freund. Sie nahmen mich nach *Mae Rim* mit, stoppten einen *Songthaew,* der mich wieder nach *Chiang Mai* brachte – na also, irgendwie geht's immer!

Am nächsten Tag machte ich mit Claudia die Tour zu den Wasserfällen nochmals, ich wollte ihr zeigen, wie schön es dort ist. Aber diesmal waren wir mit dem Moped unterwegs. Leider hatte es in der Nacht geregnet und das klare Wasser vom Vortag war schlammig und braun.

Unser Aufenthalt in *Chiang Mai* war nun fast zu Ende – nur noch eine Tour!

Trecking in den Bergen - eine besondere Tour!

Wer nach *Chiang Mai* geht, der geht auf Trecking-Tour – und so auch wir.

„Wenn ihr Zeit habt, dann macht die viertägige Tour, das ist mit einer zweitägigen gar nicht zu vergleichen“, warb Annette für ihre Tour. „Ihr werdet ganz sicher keine andere Gruppe treffen, das verspreche ich euch.“

Hm..., Traveller haben nie Zeit, da kann man noch so lange unterwegs sein.

Nach reiflichen Überlegungen, wo wir später die Zeit wieder reinholen könnten, hatten wir uns also für die 4-Tages-Tour entschieden. Es war uns schon wichtig, dass wir nicht jede Stunde auf daher trampelnde Touristengruppen treffen würden.

Am Abend vor der Tour war Lagebesprechung. Um 7.00 Uhr hieß es, aber so sehr wir auch hetzten, der Markt ließ uns nicht vor 8.00 Uhr los.

„Äh, wir haben total die Zeit vergessen...“

„Wir müssen noch auf 3 Leute warten, der Bus aus *Lampang* ist noch nicht da“, fiel Annette Claudia ins Wort.

Glück gehabt, so war jede Entschuldigung überflüssig und man musste nicht wieder auf uns warten - es wäre nicht das erste Mal.

Um 9.00 Uhr ging dann die Besprechung los. Pang, unser Führer, erklärte in groben Zügen, was uns erwarten würde. Danach stellte sich jeder vor.

Außer Claudia und mir waren noch 2 weitere Deutsche - Birgit aus Lübeck und Dirk aus Viersen - mit von der Partie.

Australien war mit Stacy aus Sydney vertreten; Schweden mit Jo und Jess, die aber in Australien studierten; und aus Norwegen kam ein braun gebrannter, schwarzhaariger Kerl, der so schweigsam war, dass ich nicht einmal mehr weiß, ob er seinen Namen gesagt hatte.

Um 10.00 Uhr sollten wir abfahren.

„Du, ich gehe noch mal zum G.P.O., vielleicht ist ja ein Brief von Stefan da“, sagte Claudia und war schnell wie der Blitz verschwunden.

Alle warteten auf ihre Rückkehr, dann kam sie endlich - 5 Minuten vor 10.

„So wie du aussiehst, hat er geschrieben.“

„Ja“, lächelte sie überglücklich, „und schau mal wie viele Seiten. Aber den lese ich erst heute Nacht.“

Unser Weg in die Wildnis konnte beginnen.

Nach einer langen, kurvigen und staubigen Fahrt wurden wir etwa 70 Kilometer weiter südlich im *Inthanon Nationalpark* abgesetzt, an einem Dorf der *Karen*. Es war unsere erste Begegnung mit einem Volk der Bergstämme.

„Ich komme mir vor wie bei einer Expedition“, flüsterte ich zu Claudia.

Nur die Träger für unser Gepäck fehlten, das mussten wir selber schleppen.

Neugierig stierten die Dorfbewohner uns hinterher. Ich hörte wie sich Pang angeregt mit einer Frau unterhielt, die sich offensichtlich für die kräftigen Waden der dicken Schwedin begeistern konnte. Immer wieder zeigte sie darauf und lachte lauthals heraus. Na ja, in den asiatischen Ländern deutet eine gewisse Fülle auf Wohlstand hin und davon hatte Jo einiges zu bieten.

„Was sagt die Frau, Pang?“ fragte jemand aus der Runde.

Jetzt war Pang in der Zwickmühle. Zum einen erlaubt ihm seine asiatische Höflichkeit nicht zu lügen, zum anderen gebot es seine Höflichkeit nicht, andere zu beleidigen.

„Äh...“, stotterte er, „ein kräftiges Mädchen mit einem schweren Rucksack.“

Pang versuchte so gut es ging, sich aus der Klemme zu reden und trieb uns an.

Er hatte das Mittel der ‚freien Übersetzung‘ gewählt.

Die erste Etappe war einfach. Der Weg war fast immer eben, ab und zu mal ein kleiner Anstieg, aber das war für die gesamte Gruppe kein Problem.

Auch das Dorf, in dem wir unsere erste Nacht verbrachten, war ein Dorf der *Karen*. Diese Menschen hier waren genauso an uns interessiert wie wir an ihnen. Immer wieder kamen vereinzelt welche von ihnen an unsere Hütte und bestaunten uns. Hätten sie einen Fotoapparat gehabt, hätten sie wohl auch Bilder von uns gemacht. Ich traute mich noch nicht so richtig zu fotografieren, weil ich nicht wusste, wie sie reagieren würden.

Pang war ein guter Koch, er zauberte ein köstliches Abendessen auf den Tisch. Ich weiß nicht, wo der Kerl die ganzen Zutaten und Gewürze her hatte. Bei unserer Wanderung fiel mir nur manchmal auf, dass er etwas zusammensammelte und in seine Umhängetasche tat. Wahrscheinlich hatte er auch einiges von den Dorfbewohnern bekommen. Es gab Pilzsuppe und ein herzhaft würziges Reisgericht, von dem jeder gerne noch ein zweites Mal schöpfte.

Übrigens war mir auf unserer bisherigen Reise schon öfters aufgefallen, dass in Thailand mehr Männer als Frauen hinter den Töpfen stehen.

Unsere Gruppe war noch immer ziemlich zurückhaltend, aber langsam tastete man sich heran. Claudia las ihren langen Brief von Stefan und ich lag da und beobachtete die anderen.

Inzwischen ist es kalt geworden und wir bekommen einen Vorgeschmack, was uns heute Nacht erwartet. Das Dorf liegt 1 700 Meter hoch in den Bergen und der dünne Schlafsack wird die Kälte nicht abhalten können. Gerne nimmt jeder etwas Tee, den die Einheimischen gekocht haben - er wärmt. Die offene Feuerstelle mitten im Raum schafft eine beschauliche Atmosphäre.

Ich denke an zuhause und an unsere Lagerfeuer am See – das einzige, was mir fehlt, ist nur etwas Rum in dem Tee.

Die Gruppe taut langsam auf. Pang versucht die vielen Fragen so gut wie möglich zu beantworten, aber ich glaube, er geht eher diplomatisch vor. Schließlich kennt er uns zu wenig, um seinen Lebenslauf vor uns auf den Tisch zu legen.

Inzwischen hatte sich der Führer des Dorfes zu uns gesetzt.

„Pang, frag‘ doch mal wie das so ist, wenn da so Touristen ins Dorf kommen. Stören wir die Leute nicht in ihrem Leben? Fühlen sich die Menschen hier nicht begafft?“ wollte Stacy wissen.

Leider sprach der Mann kein Englisch, so musste Pang übersetzen.

„Nein, ihr stört uns nicht. Uns interessiert euer Leben genauso wie unser Leben euch. In eure Dörfer und Städte kommen doch auch andauernd Touristen, ihr nehmt das gar nicht mehr wahr, ob es Touristen oder Einheimische sind, weil sich einer für den anderen nicht mehr interessiert. Sicher, ihr habt mehr Wohlstand und Dinge, die wir nie besitzen werden, aber wir sind mit unserem Leben zufrieden. Euer Leben ist einfach anders – ob es besser ist ...“ Dann brach der Mann ab und stellte sich weiteren Fragen. Ich hatte den Eindruck, dass er ehrlich war.

Aus den Antworten hörte man heraus, dass der Mann in keiner Weise primitiv oder ungebildet war – keiner der Menschen hier war dumm. Sie konnten Dinge, die wir schon längst verlernt hatten oder nur noch mit Hilfsmitteln fertig bringen würden.

Nach einer Weile verabschiedete sich der gesprächige Mann und wir waren wieder unter uns.

Am leichtesten knüpfte ich mit Birgit Kontakt. Sie war ein ruhiges, ausgeglichenes Mädchen mit einem Einschlag zum Hippie-Dasein.

Stacy war sehr zurückhaltend und hatte sich an Dirks Seite geschlagen. Der wieder-um hatte sich zur Hauptperson unserer Gruppe auserkoren. Er wollte immer witzig sein, außerdem schien er sich für Stacy zu interessieren und scharwenzelte auch immer um sie herum.

Die pummelige Jo redete wie ein Wasserfall und lachte immer so aufdringlich, dass jeder ihren goldenen Delfin sehen musste, den sie in einem ihrer vorderen Zähne einsetzen lassen hatte. Sie schien sich über ihr Übergewicht keine Sorgen zu machen und posierte als Herrscherin über ihre Freundin Jess. Diese war wohl ihre Butlerin, sie machte einen ruhigen, naiven Eindruck und folgte ihrer Herrin aufs Wort.

Der Norweger war Dirks Gegenteil - er drängte sich so weit in den Hintergrund, dass er unbemerkt blieb. Bisher hatte ich noch keinen einzigen Satz von ihm gehört.

„Was liest du denn da?“ fragte Birgit als sie sah, wie verzückt Claudia an Stefans Brief hing.

„Ich habe Post von meinem Freund bekommen und bin jetzt total happy, aber auch ein bisschen traurig.“

„Wie, ihr seid gar kein Pärchen?“ fragte Birgit überrascht. Anscheinend hielten uns alle für ein Pärchen.

„Ne, wir sind nur Reisepartner“, erklärte Claudia und erzählte die Geschichte, wie wir zueinandergefunden hatten.

Ich hörte derweil Pangs Ausführungen zu. Er beantwortete gerne alle Fragen, außer man kam auf seine Person zu sprechen.

Die Nacht war bitterkalt, am nächsten Morgen erzählte jeder, wie wenig man doch geschlafen hatte. Erst gegen Morgen, kurz bevor die Sonne aufging, musste ich ein-geschlafen sein, bis mich dann kurz darauf ein Hahn mit seinem Geschrei und dumpfes, monotones Hämmern aus meinen kühlen Träumen riss.

Die Menschen hier stehen mit den ersten Sonnenstrahlen auf. Eine alte Frau zermalmte unter ihrem Haus Korn in einer Weise, wie wir es nicht mehr kennen.

Birgit hatte die Ehre, als erste Bekanntschaft mit unserem nächsten Transportmittel zu machen. Als sie zur täglichen Morgenwäsche zum Fluss hinunter ging, stellte sich der freundliche Dickhäuter gleich mal vor. Mutterseelenallein kam er in einer Seelenruhe durch den Fluss gewatet und begrüßte sie mit lautem Trompeten. Birgit traute dem Frieden nicht so recht, hastig eilte sie zur Hütte zurück und beendete ihre Morgentoilette schneller als sonst.

Wieder einmal musste man auf Claudia und mich warten, wir waren noch ein wenig im Dorf unterwegs. Wir sind nun mal unternehmungslustig und Wissens durstig.

Los ging unsere nächste Etappe, auf dem Hochsitz eines Elefanten. Nun sahen wir

Thailand aus einer völlig neuen Perspektive. Schon nach einer Stunde fragte ich mich, wie das die Reisenden Anno dazumal nur ausgehalten hatten, tagelang auf den schaukelnden Dickhäutern langsam dahinzutrotten. Natürlich können die auch schneller, aber ich möchte den Versuch erst gar nicht starten, es schaukelte auch jetzt schon genügend.

Birgit und ich saßen in dem unbequemen Holzgestell und rutschten hin und her. Besonders, wenn es auf den unebenen Wegen steil bergab ging und ich nach vorne rutschte wusste ich, wie bequem doch ein Pferderücken ist. Claudia hatte auf dem Nacken des Elefanten den besten Platz erwischt, sie massierte seinen Kopf und er fühlte sich wohl.

Endlich wurden wir erlöst und es ging wieder auf dem Boden weiter. Nun wurde die Strecke etwas anspruchsvoller, wir mussten immer öfters Flüsse durchwaten und auf umgestürzten Baumstämmen, die eine Brücke schlugen, kleine Abgründe überqueren.

Es hielt sich aber immer noch alles in Grenzen, nur Jo hatte etwas Probleme, das Gleichgewicht zu halten.

„Zieht am besten nicht mehr eure Wanderschuhe an, sondern Sandalen.

Wir müssen noch etwa 8 Mal den Fluss überqueren."

Für diesen Tipp war ich Pang sehr dankbar, denn andauernd die Schuhe aus- und anziehen nervte gewaltig.

Auf unserem bisherigen Weg waren wir keinen anderen Gruppen begegnet – Annette hatte also bisher Wort gehalten. Wir hatten überhaupt wenige Menschen gesehen, erst jetzt, kurz vor dem nächsten Dorf, kamen uns einige junge Frauen entgegen. Sie waren zum Teil sehr hübsch. Sie hatten katzenförmige Züge, in ihren Augen war etwas Wildes, leidenschaftliches und sie sahen immer fröhlich aus.

„Viele von ihnen kommen aus Burma, sie verstehen die thailändische Sprache nicht", erklärte Pang.

Pablö hieß hier das Zauberwort. *Pablö* hieß alles in einem. Danke, schon gut, hallo, auf Wiedersehen, ...

Freundlich begrüßten wir die Menschen dieser Gegend ab sofort mit *Pablö*. Sie freuten sich und erwiderten höflich unseren Gruß.

Fröhlich marschierten wir weiter. Wir kamen gut miteinander klar und man half sich gegenseitig.

Am Abend kamen wir in ein weiteres Dorf der *Karen* und diesmal führte der Weg über eine richtige Hängebrücke hinein.

Unser Mittagstisch und die Wickelstube der Kinder war derselbe Platz. Wieder wurden wir freundlich aufgenommen und reichhaltig verköstigt. Danach zeigte uns eine alte Frau, was die Menschen im Dorf so alles herstellen.

Ausgeruht und gestärkt ging es weiter. Heute kamen wir zum schwierigsten Streckenabschnitt unserer Tour. Steile Anstiege und abenteuerliche Flussüberquerungen, wo nur umgefallene Baumstämme der einzige Weg waren, machten uns das Leben schwer. Nach etwa 3 Stunden kamen wir ins nächste Dorf, wo wir auch übernachteten. Zuerst wurde uns die Schlafstelle zugewiesen, ein Haus das auf Pfählen gebaut war. Auch hier war eine überaus freundliche Atmosphäre zu spüren. Besonders junge Frauen und Kinder waren sehr an uns interessiert, wir waren wohl eine willkommene Abwechslung für sie.

Am Abend waren wir bei dem gewählten Anführer des Dorfes zum Essen eingeladen, natürlich ein Essen, das Pang kochen musste, aber diesmal mit Hilfe zweier Frauen.

Der Mann geht einmal im Monat in die Provinzhauptstadt, wo er die neuesten Pläne erfährt und die Interessen seines Dorfes vertritt. Nachdem er wieder zurück ist, verkündet er die Neuigkeiten an die Dorfbewohner. Ich fand es ausgesprochen nett, dass wir bei ihm Gast sein durften. Nach dem Essen, das Pang wieder einmal meisterhaft zubereitet hatte, saßen wir noch zusammen und redeten über die verschiedensten Dinge. Es war sehr lustig und wir lachten viel und nach und nach verabschiedete sich fast unbemerkt einer nach dem anderen.

Aus einer Flasche *Sake* wurden zwei und nur noch Stacy, Dirk, Pang, der Anführer und ich hielten die Stellung. Der *Sake* machte Pang immer redseliger und er sprach von früher, während er unentwegt Lauch schnitt und schon wieder einiges für das morgige Frühstück vorbereitete.

Pang wurde in Laos geboren und floh vor dem Militär, man wollte ihn zu Kriegsdiensten einziehen.

„Meine Frau und meine Tochter wohnen in *Phayao*, das ist nordöstlich von *Chiang Mai*“, sagte er.

„Ach, dann bist du im *Eagle house* gar nicht fest angestellt?“ fragte ich.

„Nein, ich arbeite nur einige Monate im Jahr dort als Führer. Mit dem Geld kaufe ich dann Samen und Dünger für unsere Farm. Wenn die Erntezeit kommt, gehe ich zurück zu meiner Familie, ich hoffe, dass ich in 2 Jahren für immer bei ihnen bleiben kann. Aber wir brauchen das Geld von meiner Arbeit hier. Der Boden in unserer Gegend ist nicht gut, da geht viel von der Ernte kaputt."

„Wie alt bist du, Pang?" wollte Stacy wissen.

„37 Jahre alt", antwortete er offen.

„Sehnst du dich nicht manchmal nach deiner Heimat, wo du geboren wurdest? Zieht es dich nicht manchmal nach Laos zurück?" fragte ich.

Sein Gesicht verfinsterte sich und er antwortete traurig: „Vorläufig nicht, vielleicht später einmal."

Nach 20 Jahren hatte Pang immer noch Angst, dass man ihn als Deserteur verurteilen würde. Ich konnte seine Traurigkeit spüren. Ich glaubte, dass Pang ein guter Vater und Ehemann war und hoffte, dass seine Wünsche wahr würden.

Es war der richtige Zeitpunkt gekommen, um zu gehen. Es war ein schöner Abend, der mir lange in Erinnerung bleiben wird. Als wir zur Hütte kamen, lagen die anderen längst in ihren Schlafsäcken und widmeten sich süßen Träumen.

Als wir wieder weiterziehen verfolgen uns neugierige Blicke die Straße hinunter. Die Menschen hier verstecken sich nicht – warum auch? Es ist ja ihr Zuhause. Stolz sitzt die alte Frau mit ihrer Tochter und dem Baby auf der Treppe vor ihrem Haus und raucht ihre Pfeife. Der kleine Junge, pudelnackt auf der Treppe, winkt uns fröhlich zum Abschied. Da gehen wir wieder - die seltsamen Fremden, die sie nie wiedersehen werden.

Dieser Tag war ein reiner Wandertag. Bergauf, bergab ging es auf angenehmen Pfaden durch Flüsse und über umgestürzte Baumstämme weiter. Es war keine schwierige Tour, aber sie machte viel Spaß. Pang erklärte uns so einiges über die Pflanzen und Früchte. Er zeigte uns, was man essen konnte, die Beeren und Pilze und er zeigte uns die biologische Seife. Sie war so groß wie eine Kirsche und sah aus wie eine Kartoffelknolle. Wenn man sie im Wasser mit den Händen rieb, fing das Wasser an zu schäumen und aus der Pflanze strömte ein Duft von Aprikose. Die Bergvölker reinigen auch ihre Kleidung damit.

Am Abend waren wir an unserem letzten Übernachtungsplatz angekommen. Alle fühlten sich wohl und wir hatten eine Bombenstimmung. Dirk brachte mit seinen „Ho!“ und „Ha!“ Rufen alle zum Lachen, besonders Pang hatte Mühe, sich wieder einzukriegen. Vor allem, wenn es um das Balzverhalten der Frösche ging - mit welchen Tricks die Weibchen immer die Männer anlocken. Um uns herum wimmelte es nur so von Fröschen, deshalb waren wir auf dieses Thema gekommen. Plötzlich bekam Claudia ein Problem mit der englischen Sprache, als Dirk sagte: „The snakes eat the frogs“ (Die Schlangen fressen die Frösche), was ja eigentlich auch richtig war.

Aber Claudia zweifelte: „Ha?! Wie soll es denn so eine kleine Schnecke schaffen, dass die so einen riesigen Frosch verdrückt?“

Die anderen wunderten sich, warum wir Deutschen lachten. Dann erklärten wir, was Claudia mit snake meinte. Sie war der Meinung snake würde nicht Schlange, sondern Schnecke heißen.

Dann bekam Pang erneut einen Lachanfall, als Dirk einen Witz erzählte.

„Also, da war ein Wilderer, der schoss ein Reh. Er legte es auf seine linke Schulter und machte sich auf den Weg zu seiner Hütte. Eine Weile später traf er im Wald auf einen Jäger.

„Sie! Was machen sie mit dem Reh auf ihrer Schulter?“ fragte er den Wilderer wütend.

Dieser schaute erstaunt auf seine rechte Schulter und starrte den Jäger fragend an.

„Nicht diese Seite, die andere!“ schimpfte der Jäger erbost.

Erschrocken drehte der Wilderer seinen Kopf herum und schrie entsetzt auf: „Ah! Igitt! Igitt! Ein totes Reh!“ und er warf es geekelt von seiner Schulter.

So wie Pang gelacht hatte, musste sein Zwerchfell am nächsten Morgen ganz schön gespannt haben.

Mit der Suche nach ein paar Sternschnuppen beendeten wir den Tag und begaben uns zu unserer letzten Übernachtung im Dschungel auf dieser Tour.

Unsere nächste Etappe startete auf einem langen Bambusfloß. Wir standen bis zu den Knöcheln im Wasser, die Rucksäcke wurden an einem Dreibein festgemacht und los ging die Fahrt den Fluss hinunter.

Jo hatte ihre liebe Mühe, das Gleichgewicht zu halten. Wenn sie ihr Gewicht zu einer Seite verlagerte, bekamen wir sofort Schlagseite. Trotzdem hatten wir das Floß gut unter Kontrolle – na ja, mit mir als Steuermann...

Die Fahrt wurde zur Schwerstarbeit. Das lange Floß ging nicht so ohne weiteres um die Kurven herum, immer wieder saßen wir auf den Felsen auf. Mit langen Stangen mussten wir uns wieder befreien und von Felsen und Ufer abstoßen. Da half dann nur noch rohe Gewalt.

Claudia war auf dem anderen Floß, ihr erging es nicht so gut. Eine Bambusstange des Floßes hatte sich gelöst und sie klemmte ihren Fuß zwischen 2 Stangen ein, dabei hatte sie sich am Knie verletzt. Pang hatte arge Probleme, vom Ufer und den Felsen wegzubleiben, sein norwegischer Steuermann war ihm aber auch keine große Hilfe.

Nach der Floßfahrt mussten wir noch 1 Stunde laufen, dann hatte uns die Zivilisation wieder eingeholt. Der Pick-up wartete schon und brachte uns zum letzten Mittagessen, diesmal zu einem Restaurant. Vorbei waren 4 Tage Wildnis pur.

Noch ein letzter Blick vom höchsten Punkt Thailands, dem *Doi Inthanon* (2565m), über die Gegend in der wir wanderten, dann ging's wieder zurück zum Gästehaus.

Der Norden – über Berg und Tal

Und nun lest unsere Geschichte - weiter nach Pai

Adieu du schönes Chiang Mai – für uns war es nun Zeit weiter nordwärts zu ziehen, obwohl der Tag nicht am besten für uns begann.

Eigentlich sollte der Bus um 9.30 Uhr fahren, jetzt erst um 11.30 Uhr.

Na ja, macht nichts. Claudia wollte sowieso noch zum G.P.O. um nachzuschauen, ob noch ein Brief von ihrem Schatz gekommen ist. Und tatsächlich hatte sie wieder einen dicken Brief bekommen, da war dann die Verspätung nicht so schlimm.

Langsam schlängelt sich der alte überfüllte Bus die steilen Serpentinen hinauf. Zum Glück haben wir einen Sitzplatz bekommen, die Fahrt zieht sich hinaus und der Bus ist niedrig.

Wegen der Ventilatoren, von denen kein Einziger geht, kann man nur gebückt stehen.

Die einzige Aircondition ist das offene Fenster. Uneigennützig tauscht man die Plätze mit denen, die schon länger stehen; so auch wir. Die viereinhalb Stunden sind anstrengend, aber trotzdem ist die Fahrt über das Gebirge wunderschön. Nur manchmal, wenn es steil bergab geht, hofft man, dass die Bremsen auch gehen.

Als der Bus in Pai hielt waren nur noch Traveller unter den Fahrgästen, die Einheimischen waren schon unterwegs abgesprungen. Alle stürmten nach draußen und der „Run" auf die Gästehäuser begann. Wir schauten, wo die Masse hinlief und entschieden uns für eine andere Richtung – orientierungslos, wie so oft. Wir waren schon am Ende von Pai, wo die Brücke über den Fluss ging. Dort hatten wir das Riverside-Gästehaus entdeckt und gegenüber war ein schöner, großer Platz mit gemütlichen Bambushütten und Hängematten davor. Es war zwar nicht im Zentrum, aber Pai ist nicht so groß, dass man nicht hinein laufen könnte. An dem Rest des Tages zogen wir zu Fuß los und informierten uns, was es so alles zu sehen gab. Am Abend sahen wir dann erst in den Straßen, wie viel Traveller hier waren.

Pai gefiel uns sehr gut, aber es war nicht mehr das kleine, verschlafene Nest, wie es im Reiseführer angepriesen wurde. Auch hier war der Tourismus auf dem Vormarsch. Natürlich gab es noch keine großen, luxuriösen Hotelanlagen, dafür war das Dorf zu schwer zu erreichen, aber zum Teil dachte man, es gäbe so viele Traveller wie Einheimische hier.

Wem konnte man es verdenken, kaum ein Traveller kommt an diesem freundlichen Ort inmitten dieser herrlichen Bergwelt vorbei. Pai hat jede Menge für den aktiven Reisenden zu bieten. Ob mehrtägige Ausflüge zu den Bergdörfern wie in Chiang Mai, Floßfahrten, Rafting oder auf eigene Faust mit dem Rad, hier konnte man sich schon die Zeit vertreiben und dabei war alles noch sehr günstig. Hier hatten wir unsere billigste Unterkunft in Thailand.

Auch dass um 22.00 Uhr die Bürgersteige hochgeklappt würden (laut Reiseführer), war längst nicht mehr der Fall. Das Lokal, das angeblich am längsten geöffnet haben sollte, war von einigen übertrumpft worden, die erst abends öffneten und weit über Mitternacht hinaus die Stellung hielten. Auch Livemusik wurde geboten (Reggae und Rock).

Der nächste Tag war von sportlichen Aktivitäten geprägt.

„Heute könnten wir doch mal ein Fahrrad mieten, ich muss mich mal wieder abreagieren“, schlug ich vor.

„Wie wär's mit einem Moped?“ hielt Claudia dagegen, sie war etwas faul geworden.

„Die Fahrräder kosten 50 Baht pro Stück und das Moped 150 Baht. Da tun wir uns mit einem Moped doch leichter“, meinte sie.

„Ja, aber ich brauche mal wieder ein bisschen Sport.“

„Du hast schon die vielen Berge gesehen? Das kann ganz schön anstrengend werden.“

Sie hatte Recht, aber ich ließ nicht locker und nach langem hin und her konnte ich sie dann doch überzeugen. Schließlich hatte sie an den Essenständen in Chiang Mai einige Kilo zugenommen, da würde ihr Bewegung gut tun. Nach diesem Argument willigte sie ein und wir mieteten ein Mountainbike.

Am Anfang ging es schon ganz schön nach oben, aber als wir dann auf Pai und das herrliche Tal am Fluss hinunter schauen konnten, war die ganze Anstrengung verflogen. Selbst Claudia meinte: „Mann, jetzt finde ich es doch schön mit dem Rad.“

Kein Wunder, wir hatten zwar das ein oder andere Problem mit der Schaltung, aber die Strecke war angenehm zu fahren. Wenn man oben losfuhr, reichte der Schwung nach der Abfahrt wieder bis zur Mitte des nächsten Anstiegs, somit hielt sich die Anstrengung in Grenzen – und immer wieder die herrlichen Ausblicke zu den umliegenden Bergen. Da war es dann nur halb so schlimm, dass wir uns schon auf der Suche nach unserem ersten Ziel, dem Tempel auf dem Hügel, verfahren hatten.

Weiter ging unsere Tour mit einer schönen Abfahrt zum etwa 5 Kilometer entfernten Spa Camping. Was das so richtig war konnten wir nicht herausbekommen; ein schönes Restaurant direkt am Fluss, von Camping war nichts zu sehen. 1 Kilometer weiter kam dann der kleine Weg auf der linken Seite, der zu den heißen Quellen führte.

„Da kannst du deine Wunden von Ko Chang heilen“, schlug Claudia vor – vielleicht war da ein klein wenig Sarkasmus zu hören.

In der Tat hatte ich immer noch mit den Blasen an den Füßen von meiner Wanderung zu kämpfen; aber, was ein richtiger Traveller ist, der kennt keinen Schmerz.

Inzwischen machte uns das Radfahren so viel Spaß, dass wir uns für den längeren Rückweg entschieden hatten. Leider hatten wir nicht gerade die besten Räder er-wischt, man bekam die mittleren Gänge nicht hinein. Manchmal wurde es einem auf den Schotterpisten schon mulmig, wenn man den ganzen Schwung der steilen Abfahrten mitnehmen wollte. Na ja, hier darf man eben nicht erwarten, dass man das modernste und beste bekommt.

“He, da vorne gibt es meine Reis-Cracker”, rief Claudia und trat in die Bremse. Sie liebte diese Dinger abgöttisch, die eigentlich überhaupt keinen Geschmack hatten.

Wieder in Pai angekommen durchstreiften wir den kleinen Ort von vorne bis hinten und zu allen Seiten mit dem Rad, denn morgen sollte es wieder weiter gehen. Pai war ein schöner Ort, hoffentlich bleibt es so.

Und nun lest unsere Geschichte – Rafting; ein wilder Ritt nach Mae Hong Son

Das *Chez Swan Guesthouse* organisierte unsere Weiterreise – eine Rafting-Tour auf dem Pai-River, der in Pai so sanft und ruhig dahinfloss.

Zuerst wurden wir mit einem Jeep über die nächste Bergkette zum Fluss gebracht. Nach einer kurzen Einweisung ging es dann los, in jedem Boot war ein Führer dabei, der den Fluss wie seine Westentasche kannte.

Mit uns dabei war ein kanadisches Pärchen namens Sandy und Erik, die schon in Kanada viele Wildwasserfahrten unternommen hatten – also erfahrene Kanuten. Sie wählten natürlich den Kanadier für die erste Etappe. Mit uns im Boot waren noch Irene und Chris, ein älteres Paar aus Holland und unser Steuermann *Puh.*

Langsam trieben wir nun dem 60 Kilometer entfernten Mae Hong Son entgegen und übten steuern. Der Fluss hatte wenig Wasser und viele Felsen kamen an die Oberfläche. Die zu umfahren war am heutigen Tag die einzige Schwierigkeit, von Stromschnellen war nichts zu spüren und zu sehen. Im Gegenteil, ohne unsere Antriebskraft wären wir wahrscheinlich gar nicht vom Fleck gekommen.

„Nicht paddeln!“ riefen unsere Steuermänner immer wieder und wir wussten nicht weshalb. Erst am nächsten Tag ging mir ein Licht auf. Schließlich war eine Übernachtung geplant und hätten wir gepaddelt wie die Wilden, wären wir in einem Tag ans Ziel gekommen und dann wäre der Preis etwas hoch gewesen.

Aber, die Übernachtung an diesem schönen, idyllischen Platz war in Ordnung, ich habe sowieso eine Schwäche für Lagerfeuer. An dem Camp waren Frauen, die sehr gut für uns gekocht hatten und anschließend saßen wir alle um ein Lagerfeuer herum, das leider nur glimmte. Der Bambus war nicht unbedingt ideal für eine lodernde Flamme.

Als der letzte Scheit verglimmt war gingen auch Claudia und ich schlafen, leider ohne eine Sternschnuppe gesehen zu haben – dabei hätten wir doch sooo viele Wünsche gehabt.

Unsere Fahrt ging erst einmal wieder mit Körperkraft weiter, aber die Spannung stieg. Jeder wusste, dass heute die *Rapids* kommen würden – aber wann?

„Will denn keiner ein Bad nehmen?“ fragte *Puh* unglaubwürdig. „Hier kann man doch so schön schwimmen.“

„Was ist das da hinten!?“ rief Sandy.

„Eine Schlange! Aber die ist nicht giftig“, erklärte *Puh*, „...glaube ich“, fügte er noch hinzu.

Also, das mit dem Schwimmen war erledigt, die Schlange war etwa zwei Meter lang und da hatte keiner mehr Lust ins Wasser zu springen. Wir wollten zu den *Rapids* und legten uns etwas mehr ins Zeug, aber die Strecke zog sich hinaus. Zwar hatten wir immer mehr schnellere Abschnitte zu überwinden, aber das war trotzdem alles noch sehr zahm. Wieder mal an einer sehr ruhigen Stelle erklärte *Puh*: „Das Zeug, das am Baum da oben hängt ist Futter für den ‘Eagle’.“

Claudia stutzte, überlegte eine Weile und sagte dann: „Das glaube ich nicht. Wie soll denn ein Igel dort hinaufkommen?“

Claudia hatte dieselben Sprachprobleme wie schon auf unserer Trecking-Tour mit ‚snake‘ und ‚Schnecke‘.

„Eagle wie Adler“, sagte ich zu ihr, „nicht unser Igel aus Deutschland.“

Claudia sah die fragenden Blicke der anderen und erklärte ihr Problem, dann fasste sie sich an den Kopf und grölte vor Lachen.

„So, zieht eure Schwimmwesten und den Helm fest, da vorne kommt der *River Klong* herein. Jetzt kommen die Stromschnellen.“

Es war soweit. Über dreißig sollten es sein, darunter vier mit Schwierigkeitsgrad 5 (aber nur bei Hochwasser und das hatten wir hier auf keinen Fall).

Der Kampf mit dem Wasser beginnt. Wild bäumen sich die Wellen auf und spritzen uns entgegen. Auf einer schäumenden Krone reiten wir den Fluss hinunter - wieder hat unser guide die Kontrolle über das Steuer verloren und wir stoßen an einen Felsen. "Rechts, rechts!" brüllt er. Zwecklos! Das Boot dreht sich um die eigene Achse und wir müssen aufpassen, dass wir nicht vom Bootsrand hinauskatapultiert werden. Trotz der Gefahr und aller Anstrengung haben wir einen Riesenspaß. Zum Glück sind die wilden Abschnitte nicht so lang, so können wir zwischen den Rapids immer wieder verschnaufen und Kräfte sammeln.

Jetzt weiß ich auch, warum es Whitewater-Rafting heißt.

Geschafft! Wir waren durch. Ich konnte mir lebhaft vorstellen, welche Gewalt der Fluss bei Hochwasser haben würde. Nun lag nur noch ein Kilometer vor uns und *Puh* gönnte mir nicht, dass ich diesen trocken überstehen sollte. Er schwamm ja schon im Wasser hinter unserem Boot her, schlich sich hinter mich und zog mich hinein.

Guy wartete mit unserem Gepäck schon an der Anlegestelle. Mit dem Jeep brachte er uns die restlichen paar Kilometer nach *Mae Hong Son* und setzte uns in einem Gästehaus eines Bekannten ab. Dort trennten sich dann unsere Wege.

Mae Hong Son – Stadt des Nebels

Schon der Anblick von oben ist eine Augenweide. Noch schöner als Pai schmiegt sich Mae Hong Son in die Hügel hinein. In einem See spiegeln sich Palmen und die Chedis des Wat Chong Kham. Es herrscht eine friedliche Stille und die Stadt scheint fast ausgestorben zu sein.

Auf den Hängen blühen scharenweise Sonnenblumen und färben den grünen Teppich.

Nichts ist von der Sonne verbrannt. Einen Monat nach unserer Abreise aus Deutschland bedankt sich Thailand mit einem grandiosen Naturschauspiel für unseren Besuch. - Tja, seit einem Monat sind wir am heutigen Tag unterwegs und ich habe meine Entscheidung in keiner Minute bereut.

Die Zeit vergeht wie im Flug. Mit Mae Hong Son und der prächtigen Umgebung werden wir noch einmal belohnt.

Über 100 neblige Tage soll es in *Mae Hong Son* im Jahr geben, zum Glück blieben wir davon verschont. Wir erlebten hier eine bombige Zeit und für uns war diese Stadt die schönste Thailands.

Mae Hong Son sollte vorerst unsere letzte Station in Thailand sein, obwohl ich eigentlich bis zum 'Goldenen Dreieck' wollte.

Erst nach langem hin und her hatten wir uns entschieden, lieber ein paar Tage länger hier zu bleiben und nicht in den Norden zu hetzen.

Und nun lest unsere Geschichte – ein Besuch im Dorf der Langhals-Frauen

Schon bei der Ankunft wollte uns die geschäftstüchtige Betreiberin des Gästehauses zu einer Tour überreden, aber wir wollten lieber auf eigene Faust losziehen.

Den Rest des heutigen Tages machten wir es uns gemütlich, da hatten wir nur einen Rundgang durch *Mae Hong Son* geplant. Eine nette friedliche Stadt mit einigen interessanten Läden und köstlichem Essen, aber es gibt auch einige touristische Erscheinungen, wie ein Schweizer Restaurant und ein amerikanisch angehauchter Saloon mit Countrymusik und Western-Food.

Auf den Märkten und in den kleinen Imbissbuden gab es aber noch genügend zu probieren – Fleischspieße, Pancakes und Bananen-Cracker, ...

Den Abschluss verbrachten wir in einem Biergarten mit guter Livemusik und einem herrlichen Blick über den See.

Claudia telefonierte noch mit dem Anrufbeantworter statt mit ihrem Liebsten und holte mich danach wieder ab.

Zum zweiten Mal in Thailand mieteten wir ein Motorbike. Claudia machte es einen höllischen Spaß, mit dem Ding durch die hügelige Gegend zu fahren – und sie fuhr gut. Nur gut, dass ich sie in Pai aufs Fahrrad locken konnte; jetzt wo sie wieder ein Moped ausprobiert hatte, wird es wohl mit Rad fahren vorbei sein.

Nicht selten wurden wir von den Einheimischen belächelt – eine Frau die fährt und der Kerl sitzt hinten drauf. Wo gibt's denn so etwas?

Unser Weg führte uns ins etwa 30 Kilometer entfernte Dorf der *Langhals-Frauen.*

Sicherlich ist es für uns Europäer sehr interessant, diese Frauen und ihre Kultur zu sehen, aber im Vordergrund sollte das Leben der Menschen stehen. Diese Frauen werden von *Myanmar* mit falschen Versprechungen oder gegen ihren Willen nach Thailand gebracht. Sie werden wie Gefangene gehalten und nur mit dem Notwendigsten versorgt.

Als Eintritt zu dem Dorf muss man zwischen 200 und 300 Baht bezahlen – das wäre ja ganz okay, wenn das Geld in den Dörfern bleiben würde. Aber die Einnahmen gehen zur einen Hälfte an die Menschen, die diese Frauen hierher gebracht hatten und zum anderen an thailändische Geschäftsleute, auf deren Grund die Dörfer stehen.

Die einzigen Einnahmen, die diese Frauen behalten dürfen, sind von den Waren, die sie im Dorf verkaufen, doch die sind auf jedem Markt billiger zu bekommen. Die Frauen dürfen vermutlich das Dorf auch nie ohne Aufsicht verlassen.

Sie müssen sich von Touristen wie in einem Zoo begaffen und fotografieren lassen.

Und nun noch einiges zu den Menschen: Die Frauen des Padaung-Stammes verlängern ihren Hals mit Hilfe von Messingringen, die sie zwischen die Halswirbel einpassen. Es gilt als Schönheitsidol – diejenige mit den meisten Ringen ist die Schönste im Dorf.

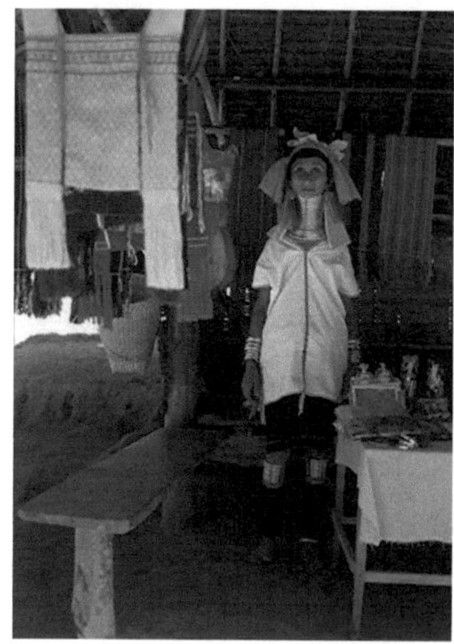

Wir wollten mit den Frauen reden, aber die Sprachbarriere war zu groß – diese Menschen hier sprechen auch kein Thai und vielleicht dürfen sie auch nicht mit Besuchern reden. Eine ältere Frau - sie schien die Chefin des Dorfes zu sein - konnte nicht mehr richtig reden. Die wenigen englischen Wörter, die sie heraus drückte, waren nur noch gekrächzt – als würden die Ringe ihre Stimmbänder abdrücken.

Schon die Kinder bekommen die schweren Messingringe um Hals, Arme und Beine gelegt, um später dem Schönheitsidol des Padaung-Stammes zu entsprechen.

Nun hätten wir noch eine Bitte, die vielleicht etwas egoistisch sein mag und viel von euch verlangt: Meidet solche Dörfer und unterstützt nicht die Profitgier einiger Leute auf Kosten eines menschenunwürdigen Daseins dieser Frauen.

Wir verließen das Dorf und machten uns auf den Rückweg nach Mae Hong Son. Dabei kamen wir an einem Platz vorbei, der gerne von den Thais zum Picknick besucht wird.

Fish Cave (*Tham Pla*), neben dem Dorf *Huai Pha,* ist ein Platz vor allem zum Erholen. Ein schön angelegter Park führt zu einer Grotte mit Fischen in einem Pool, die auf ihre Fütterung warten.

Das Fischfutter kann man am Parkplatz kaufen; eine günstige Müllbeseitigung, bei der auch noch Geld verdient wird – auch nicht dumm. Es kostet keinen Eintritt, es gibt aber auch nichts Besonderes zu sehen. Das interessanteste ist, die schöne, kurvenreiche Strecke durch den Wald mit dem Moped zu fahren.

Nach einer kleinen Erholungspause führt unser Weg weiter zum **Pha Sua – Wasserfall**, etwa 15 Kilometer vom *Fish Cave* entfernt, in der Nähe des *Karen* Dorfes *Huai Mak*. Nach ein paar steilen Aufstiegen gelangt man zum **Königspalast** (*Pang Tong*), der aber meistens für Besucher unzugänglich ist.

Es gibt noch viele andere schöne Plätze zu entdecken, wie die heißen Quellen bei *Pha Bong*, den *Pong Daeng Königspalast* oder einfach einem Elefantenbad unterhalb der Hängebrücke beizuwohnen.

Jedoch der eigentliche Reiz dieser Gegend war für uns, einfach nur durch die atemberaubende Landschaft zu fahren, im ein oder anderen Dorf neue unbekannte Speisen zu probieren und die Schönheit der Natur zu genießen.

Es ist der 5. Dezember. Mae Hong Son ist in Aufruhr – König Bhumipols Geburtstag. Viele einheimische Besucher sind hierhergekommen, um das Spektakel mitzuerleben, das die Stadt heute Abend zum ersten Mal auf dem kleinen See aufführen wird - die Entstehung der Stadt Mae Hong Son.

Schon bei unserer Ankunft wird eifrig für diesen Tag geübt.

Die Gegend um den See herum ist wunderschön beleuchtet und eine Menge fröhliche Menschen warten geduldig auf den Beginn des Schauspiels, das die Geschichte Mae Hong Sons erzählt.

So auch wir. Zurück vom ***Wat Doi Kong Mu*** *auf dem Hügel, wo wir bei einem Sonnenuntergang die herrliche Aussicht über das Tal und die von Dschungel bedeckten Berge genossen hatten, plagt uns nun der Hunger.*

Wir lassen uns nieder, wo wir gestern vergebens waren - an unserem Hähnchenrestaurant direkt am See.

Die Vorführung ist gut besucht, wir bekommen keinen guten Blick mehr auf die Bühne im Wasser. Leider können wir auch kein Wort verstehen, es ist alles in thailändischer Sprache.

So endet unser Abend, bei mir wieder im Biergarten mit herrlichem Blick auf den Tempel und bei Claudia in der Telefonzelle. Diesmal hat sie Erfolg. Sie sieht so glücklich aus. Ich gebe ihr meine Karte und schicke sie noch mal auf die Reise.

Jetzt hieß es wieder Koffer packen, denn am nächsten Tag musste es weitergehen. Mae Hong Son war eine angenehme Stadt mit einer freundlichen Atmosphäre. Es war keine spektakuläre, eher unauffällige Stadt und unser Aufenthalt war nicht aufregend, aber für drei bis vier Tage gibt es schon einiges zu unternehmen.

Claudia hatte es wirklich drauf, die Welt in Atem zu halten.

„Ich schaue noch nach ein paar Brötchen für die lange Fahrt“, sagte sie und kam erst wieder, als der Bus eigentlich schon seit 10 Minuten unterwegs sein sollte.

Der Fahrer ließ den Motor an und fuhr ein Stück nach vorne.

„Halt!“ rief ich, „da fehlt noch jemand!“

Ungeduldig wetzte der Fahrer auf seinem Sitz hin und her.

‚Sonst sind sie doch auch nicht so pünktlich‘, dachte ich und überlegte, ob ich mit dem Gepäck aussteigen solle.

‚Nein! Ich fahre nach *Chiang Mai,* warten kann ich auch im Eagle Gästehaus oder an der Bushaltestelle. Da kommt sie ja endlich.‘

„Oh! Wartet ihr etwa auf mich?“ fragte sie schuldlos. Belanglos lag ich im Sitz und tat, als ob das alles mich gar nicht belastet hätte – natürlich wäre ich nie ohne sie weitergefahren.

Nach 8 kurvenreichen Stunden über 250 Kilometer waren wir endlich heil in *Chiang Mai* gelandet, quartierten uns schnell ein und machten uns auf den Weg zu unserem *Chicken-Man* und zum Nachtmarkt - natürlich nicht, ohne bei unserer *Nudel-Mama* vorbeizuschauen.

Ab in den Süden - Palmen, weißer Sand & Meer

Nach unserer Tour durch Laos und Vietnam waren wir wieder auf dem Weg nach Thailand. Entgegen unseres Wissens hatten wir eine Zwischenlandung mehr als vorgesehen und zwar in Kambodscha. Es schoss mir der Gedanke durch den Kopf, eventuell hier ein paar Tage zu bleiben und auf dem Landweg nach Thailand einzureisen, aber Unruhen im Landesinneren und verstärktes Militär an den Grenzen zu Laos, Thailand und Vietnam brachten mich gleich wieder auf andere Gedanken. So saßen wir nach einer Stunde Wartezeit wieder im Flugzeug zu unserer Umsteigestation in Vientiane. Dort passierte etwas, dass Claudia lange Zeit später noch im Kopf herumspukte.

„Wir haben doch noch ein bisschen laotisches Geld. Da können wir doch die Sachen, die wir nach Deutschland schicken wollen, gleich hier abschicken", schlug Claudia vor. „So können wir die Wartezeit nutzen und müssen nicht unsere Zeit in Thailand auf einer Post vertrödeln. Außerdem können wir mit dem Geld sowieso nichts mehr anfangen", argumentierte Claudia eigentlich recht vernünftig, aber irgendetwas in meiner Magengegend war skeptisch. Schließlich wären die ganzen Unterlagen von Laos und Vietnam mit dabei. Und wenn die nicht zuhause ankommen, ist es vorbei mit unseren Erinnerungen und mit meinem Buch, das ich schreiben möchte. Obwohl ich mich nicht wohl dabei fühlte, ließ ich mich überreden, wir hatten in Laos ja eigentlich nur gute Erfahrungen gemacht. So fragten wir nach dem Preis, das Geld reichte und wir verpackten unsere Mitbringsel.

„Die Reiseführer von Laos und Vietnam brauchen wir wohl nicht mehr und den dicken Pulli hoffentlich auch nicht mehr. Jetzt geht es nur noch in die Wärme", freute sich Claudia. Wir brachten alles unter und alles schien in Ordnung. Dann gingen wir wieder in den Wartesaal und warteten auf unseren Abflug. Es gab hier nur einen Wartesaal für alle Abflüge, immer wenn ein Flieger irgendwohin startete, wurden Schilder mit dem Namen des Zielflughafens in die Höhe gehoben und die Passagiere zusammengerufen. Unser Abflug war schon 15 Minuten über der Zeit, aber was ist das schon in Asien.

„Ich gehe direkt noch einmal auf die Toilette", fiel es Claudia nun ein. Sie war auf der Toilette und nun war es soweit, unser Flug wurde ausgerufen. Ich erklärte dem Mann, dass ich noch auf jemanden wartete.

„Ich schaue mal schnell nach", sagte ich und eilte in Richtung Toilette. Da sah ich, wie sie mit der Frau von der Post diskutierte.

„He, Claudia, was machst du denn? Alle warten nur noch auf uns. Komm, beeile dich!" Aber sie schien mich gar nicht zu hören und sagte nur aufgelöst: „Die haben unser Paket wieder aufgemacht."

„Wir haben jetzt keine Zeit mehr für das Paket, sonst fliegen die ohne uns, komm schon“, drängte ich und zog sie hinter mir her. Wir liefen über die gesamte Anlage und sahen, wie an der letzten Maschine uns eine Stewardess zuwinkte. Diesmal waren wir wirklich die allerletzten.

Während des Flugs waren Claudias Gedanken fast nur bei dem Paket.

„Die haben unser Paket wieder aufgemacht, sie haben gesagt, es sei zu groß und zu schwer, ... – ich glaube, die sortieren aus, was sie brauchen können. Und die ganzen Unterlagen, wenn sie die nicht abschicken...“ Claudia hatte ein richtig schlechtes Gewissen, weil sie mich überredet hatte, das Paket hier abzuschicken und nicht in Thailand.

„Jetzt beruhige dich mal wieder, wir haben doch nur gute Erfahrungen in Laos gemacht. Die Menschen waren immer ehrlich zu uns und mit den Unterlagen können sie nichts anfangen – okay, sie können das Paket verschwinden lassen und das Geld in die eigene Tasche stecken, aber das glaube ich nicht.“

„Na ja, auf jeden Fall rufen wir so schnell wie möglich bei deinem Freund an, ob die Filme angekommen sind.“

„Ja, aber da müssen wir schon noch 2 Wochen warten.“

„Nein, warum habe ich nicht auf dich gehört“, ärgerte sich Claudia immer noch.

In *Bangkok* war auch unsere zweite Einreise unproblematisch. Wir wollten nicht mehr in die Stadt hinein und liefen zur Bahnstation, die nicht weit vom Flughafen entfernt war. Wir mussten nur über eine Brücke und schon waren wir da. Claudia feilschte um den Preis der Fahrkarte, aber zwecklos, es war ein Festpreis.

„Von welchem Bahnsteig geht es eigentlich in den Süden? Von diesem oder dem da drüben?“, fragte ich sie.

„Keine Ahnung, hier stehen mal mehr Leute.“

„Entschuldigung, geht der Zug nach *Surat Thani* von hier los?“ fragte ich einen Thai.

„*Surat Thani*, ja, ja“, antwortete er.

Claudia hatte inzwischen auch jemanden gefragt, aber wegen des anderen Gleises und auch sie bekam ein „Ja“ zur Antwort. Als ich noch eine dritte Person fragen wollte, sagte Claudia: „Vergiss es, Jacko! Wir sind wieder in Thailand, da gibt es kein nein!“

Sie hatte Recht. So nett die Thais auch waren, aber man bekam einfach keine richtige Antwort von ihnen. Na ja, zum Glück gab es nur 2 Gleise – und wir standen prompt in der falschen Richtung. Die Züge kamen gleichzeitig. Wir waren schon in Richtung Norden eingestiegen, als ein Schaffner uns zum anderen Zug schickte. Die Zeit zum Umsteigen reichte noch und wir hatten nun eine lange Fahrt mit dem Nachtzug nach *Surat Thani* vor uns.

Phuket – schöne Insel mit einem üblen Ruf

Die Fahrt dauerte etwa 13 Stunden, war aber ziemlich angenehm. Wir konnten sogar schlafen.

In *Surat Thani* hatten wir gerade genug Zeit für ein Frühstück, dann startete der Bus nach *Phuket* – einem der berüchtigtsten Orte Thailands.

Wir hatten uns für einen ganz gewöhnlichen öffentlichen Bus entschieden und waren etwa 6 Stunden später in *Phuket Town.*

Phuket wurde als *der* Ort für Sextourismus bezeichnet und gelangte so an einen schlechten Ruf. Aber die Insel hat einiges zu bieten und ist einen Besuch wert. Mit über 800 Quadratkilometer ist sie die größte Insel Thailands.

Mit dem Moped kann man herrliche Exkursionen entlang der Strände und ins Inland durchführen. Die Strände sind aus wunderschönem feinen, weißen Sand, einer der schönsten und trotzdem wenig besuchten dürfte der *Nai Harn-Beach* im Süden der Insel sein.

Das Inland ist hügelig mit teilweise sehr steilen Abschnitten, die einem kleinen Moped sehr zu schaffen machen. Die Fahrt mit dem Moped ist interessant und es gibt schöne Ausblicke auf die Strände und Buchten. Im Landesinneren bieten einige Wasserfälle Möglichkeiten zu einem Süßwasserbad.

Phuket ist nicht nur Sextourismus und „Remmidemmi“! In *Phuket* kann man dem Wassersport so richtig frönen. Es gibt Tauchschulen wie Sand am Meer, herrliche

Riffe zum Schnorcheln oder man kann sich ein Kanu mieten.

Wer lieber an Land bleiben will, kann schöne Wanderungen unternehmen oder sich auf einem Elefantenrücken durch die Plantagen tragen lassen.

Phuket Town hat nicht allzu viel zu bieten. In dieser kleinen Stadt mit ihren 50 000 Einwohnern gibt es einige kleinere Tempelanlagen, wegen denen es aber nicht lohnt, extra hierherzukommen – am sinnvollsten ist es, eine Unterkunft in der Nähe der Strände zu suchen und einen Tagesausflug in die Stadt zu unternehmen.

Lohnenswert ist der Markt am Abend in der Nähe des Kreisverkehrs, da gibt es leckere Meeresfrüchte.

Wir hatten unsere Unterkunft am *Nai Harn-Beach* gewählt, gleich hinter dem Jachthafen.

Und nun lest unsere Geschichte – von Phuket

Wir hielten uns nicht in der Stadt auf und stiegen gleich in einen *Songthaew*, der zu den Stränden fuhr. Es waren noch ein paar Einheimische mit auf der Pritsche und 2 Deutsche, die eben mal seit ein paar Tagen in Thailand waren, aber uns schon erklärten, wie man sich hier verhalten musste, auf was man zu achten hatte und dass Moped fahren auf der Insel gleichzusetzen mit Selbstmord sei.

Der Mann redete unentwegt und nervte gewaltig, besonders weil wir uns schon einige Zeit in Südostasien aufhielten und die Spielregeln nun doch einigermaßen kannten. Er schlug auch gleich vor, wo wir zu übernachten hatten.

„Also, wir übernachten am *Rawai-Beach*, das wäre wohl auch für euch am besten, sowieso wenn ihr neu hier seid“, war seine Meinung. „Da ist es ruhig und angenehm und der Strand ist super.“

Dabei hatten wir gelesen, dass der Strand oft ziemlich verschmutzt sein soll und es an dieser Seite nicht gerade ideal zum Schwimmen sei. Außerdem waren wir nicht so sicher, ob wir die Nachbarschaft zu dem Pärchen angenehm fänden. Für uns war das ein Grund zum Weiterfahren.

Wir waren die einzigen Fahrgäste zum *Nai Harn-Beach*. Als der Fahrer uns dort absetzte, standen wir erst mal da und suchten die Unterkünfte.

„Gleich hinter dem Jachtclub, hieß es doch“, erinnerte sich Claudia und lief in das herrlich angelegte Gelände hinein.

„Entschuldigung, können sie mir sagen, was hier die Übernachtung kostet“, fragte

Claudia eine junge Frau, die gerade auf dem Weg nach drinnen war.

„Oh, so genau weiß ich das auch nicht. Ich glaube 190 US-$“, antwortete sie.

„Die Nacht?!“ entgegnete Claudia entsetzt.

Wir waren schon wieder auf dem Rückmarsch, da erklärte uns ein Chauffeur des Clubs, wo die *Coconut Bungalows* lagen: „Gleich da runter, da steht ein kleines Restaurant. Das ist die Rezeption.“

Die Bungalows waren schon ein arger Kontrast zum Jachtklub, wir wunderten uns, dass diese hier überhaupt so nah am Jachtklub stehen durften. Sie waren weit und breit die billigste Unterkunft in dieser Gegend, wenn nicht auf der ganzen Insel. Und für 150 Baht war der Bungalow in Ordnung. Es war zwar gerade mal ein Bett drinnen und Toilette und Dusche waren unten am Restaurant, aber es war sauber hier.

Überhaupt hätten wir nicht einmal gedacht, da jeder vom teuren *Phuket* sprach, dass es auf der Insel überhaupt so billige Unterkünfte gab. Und gleich an der Rezeption war ein Restaurant, in dem es sehr gutes Essen gab, wie wir später testeten.

Es war überraschend wenig los am Strand, eigentlich viel zu wenig, denn der Strand war wirklich wunderschön. Feiner, weißer Sand, der flach ins Meer hineinführte, Hügel mit Kokospalmen bewachsen und eine Lagune, die zum Träumen einlud.

Am nächsten Tag mieteten wir ein Moped und machten uns auf den Weg, die Insel zu umrunden.

Der nächste Strand war *Kata-Beach* an den der *Karon-Beach* anschließt. Hier war es zwar immer noch ein weißer Sandstrand, aber er kam mir nicht mehr so fein vor. Gegen den *Nai Harn-Beach*, war das Treiben hier schon mit einem Stadtleben vergleichbar.

Auch die Orte *Kata* und *Karon* sind aneinandergewachsen und kaum mehr voneinander zu trennen.

Während es an unserem Strand nicht mal eine Hand voll Restaurants gab, war hier alles vertreten; Steakhäuser, Fischrestaurants, Fast Food, Imbiss – nur die einheimischen Essenstände musste man suchen.

Irgendwie waren wir froh, nicht hier gelandet zu sein und nahmen lieber die hügelige Strecke in Kauf. Die Fahrt war abwechslungsreich und ging manchmal sehr steil bergauf und in engen Kehren wieder bergab, aber die Straße war schön zu fahren und meistens in Küstennähe.

Von oben ergaben sich herrliche Ausblicke auf die Strände.

Nun waren wir in *Patong* angekommen, der Metropole der Insel.

Unterkünfte, Shops, Bars und Diskotheken schießen aus dem Boden und warten nur auf zahlungswillige Kunden.

Hier herrscht das meiste Treiben der Touristen, besonders abends sind die Straßen voll mit allein reisenden Männern und leichten Mädchen.

Wer etwas erleben will, der kommt hierher – der richtige Ort um abzufetzen.

Patong ist eine kleine Stadt, die alles an europäischer Kost bietet – von der Weißwurst bis zum überbackenen Camembert.

Wir waren etwas enttäuscht von dem Strand, der etwas mitgenommen erschien und fuhren bald weiter. Die Straße weiter in den Norden führt durch eine schöne, hügelige Landschaft, deren Abfahrten aber manchmal sehr gefährlich werden können, besonders wenn es regnet wird die Straße sehr glitschig.

Wir verließen nun die Küste und fuhren über *Thalang* zum *Tone Sai-Wasserfall*, der in mehreren Pools zu einem kühlen Bad einlud, aber schon von vielen thailändischen Kindern belagert war.

Am Rande des Wasserfalls waren auf vielen Stufen Hütten in einen Hang gebaut, die zu einem Restaurant gehörten. Es sah sehr interessant aus und war der richtige Ort für eine Pause, bevor es dann an der anderen Küste hinunter nach *Phuket Town* ging. Ich hatte bei unserer Fahrt mit dem *Songthaew* eine Bowlingbahn entdeckt und wollte mich ein wenig sportlich betätigen.

Auf unserer Suche nach der Bahn landeten wir auf einem Markt, wo ein alter Mann die Zukunft voraussagte. Ich konnte ihm nicht widerstehen und setzte mich zu ihm.

„200 Baht, bitte. Nicht für mich, das ist für Buddha“, lachte er.

„Du bist lange unterwegs und wirst eine schöne Zeit auf deiner Reise haben. In einem Jahr wirst du heiraten, aber nicht diese Frau, die neben dir sitzt. Es ist eine dunkle Frau.“

„Schade eigentlich“, dachte ich. Aber das war ja klar, dass ich nicht Claudia heiraten würde, sie war ja schon vergeben – aber er konnte das nicht wissen.

„Und noch ein Jahr später wirst du Vater.“

Nun schmunzelte ich etwas ungläubig und erschrocken – ich hatte ja nicht mal vor zu heiraten.

Claudia ließ sich nicht aus der Hand lesen, sie sagte, das sei Humbug – aber ich glaube, sie hatte nur Angst, in die Zukunft zu schauen.

Irgendwie hatte ich noch so eine Erinnerung; ach ja, ich sollte noch zu viel Geld kommen – aber, was ist viel... – und in was für einer Währung?

Wir verließen den Wahrsager und spielten eine Runde Bowling und danach ging es auf den Markt. Ich bekam endlich meine so geliebten Muscheln zu essen, in einer wunderbaren Pfeffersauce.

Die Heimfahrt zu unserem Bungalow fand im Dunkeln statt und der Wind war ziemlich kalt. Entgegen dem ganzen Rummel von *Patong, Kata* und *Karon*, hatte an unserem Strand nur eine einzige Freiluftbar geöffnet. 5 Kerle saßen da und erzählten miteinander. Ich setzte mich zu ihnen an die Bar und es wurde noch ein lustiger Ausklang.

Krabi & Rai Leh Beach – oder an den Stränden der coolen Typen

Rai Leh Beach ist nur mit einem Boot erreichbar und besteht eigentlich aus drei Stränden, die von herrlichen Kalksteinformationen umlagert werden – **Rai Leh East, Phra Nang** und **Rai Leh West**.

An der östlichen Küste bekommt man die günstigsten Bungalows. Diese Seite eignet sich am wenigsten zum Schwimmen, da der Strand an einer mit Mangroven bewachsenen Bucht liegt und ziemlich steinig ist. Dafür ist es aber ruhiger hier.

Die Traumstrände wie aus dem Bilderbuch sind eindeutig *Phra Nang* und *Rai Leh West*. Hier trifft sich die Meute.

An dem wunderschönen *Phra Nang Beach* hat eine exklusive Hotelkette ihr Ressort gebaut. Am liebsten würden sie die „billigen Rucksacktouristen“ von den Stränden fernhalten, aber zum Glück durften diese nicht privatisiert werden, so können auch wir noch die Wunder der Welt bestaunen.

Die Strände von *Rai Leh* sind längst kein Geheimtipp mehr unter Traveller, trotzdem hält sich der Besucheransturm in Grenzen, da die Strände nur von kleinen Booten angefahren werden. Die Bungalows sind sehr schön mit der Natur verbunden und stören deshalb kaum.

Am Abend trifft man sich am Strand und spielt Beach-Volleyball oder wartet bei köstlichem Seafood auf den Sonnenuntergang.

Rai Leh ist Treffpunkt der Sonnenanbeter und der coolen Typen. Am Strand verschieben sich nun mal die Wertbegriffe. Hier werden Geist und Bildung wohl immer hinter einem gestählten, muskulösen, braun gebrannten Körper zurückstehen müssen. Der Strand ist belagert von vielen schönen Frauen und Typen, die sich unwiderstehlich finden. Kaum einer der nicht tätowiert ist oder einen Pferdeschwanz als Haarpracht trägt.

Da ist auch er wieder – der langhaarige blonde Jüngling, der den ganzen Tag über mit nacktem Oberkörper von einer Küste zur anderen schlendert und allen seine muskulöse, behaarte Brust und seine breite Schulter zur Schau stellt. Ich glaube, er fühlt sich als der Herrscher dieser Strände.

Hier war das Paradies der Taucher und der Kletterer. Viele kamen nur nach Thailand, um an diesem Ort mehrere Wochen - ja manche sogar Monate - ihrem Hobby nachzugehen.

Und nun lest unsere Geschichte - Alleine auf dem Weg nach Krabi

Claudia hatte es in unserer kleinen Hütte in *Phuket* so gut gefallen, dass sie noch einen Tag länger bleiben wollte. Ich dagegen wollte unbedingt gehen, ich hatte mich damals in *Saigon* zum morgigen Datum mit Sanae am *Rai Leh Beach East* verabredet und ich wollte mein Versprechen auf alle Fälle einlösen.

„Wir können uns ja in *Rai Leh* wieder treffen", schlug Claudia vor. „Wo habt ihr euch verabredet?"

„Im *Coco House*, da sollen die Bungalows am billigsten sein und gut."

„Na, dann treffen wir uns doch dort. Und wenn etwas nicht klappt, lässt du eine Nachricht dort."

Ich glaubte, Claudia war ganz gerne mal eine Zeit lang alleine unterwegs. Wir saßen uns ja auch schon einige Wochen auf der Pelle. Ein bisschen mulmig war mir schon zu Mute, wir trennten uns zum ersten Mal seit dem Beginn unserer Reise. Irgendwie hatte ich so eine Angst, dass wir uns verpassen könnten und irgendwie hatte ich ein flaues Gefühl, weil ich Claudia alleine ließ. Nichts desto trotz, ich packte meinen Rucksack und ging los. Sanae schien mir doch etwas zu bedeuten.

Mit dem *Songthaew* fuhr ich nach *Phuket Town* und von dort mit dem öffentlichen Bus weiter über *Phang Nga* nach *Krabi*. Die *Phang Nga Bay* war durch einen James Bond Film zu großer Berühmtheit gelangt und wird von Touristen überschwemmt. Aber auch ohne diesen Film wäre diese wunderschöne Gegend mit den herrlichen Kalksteinformationen wohl nicht unentdeckt geblieben.

Es erinnerte mich ein wenig an die *Ha Long Bay* in Vietnam und ich wäre schon gerne ausgestiegen, aber in Anbetracht der vielen Touristen fuhr ich lieber weiter. Eine gute Alternative zu dem alten Bus wäre eine Fahrt mit einem der etwas teureren Schnellfähren von *Phuket* nach *Krabi* gewesen, da hätte man die vorgelagerte Inselwelt der *Phang Nga Bay* noch besser bewundern können.

Es waren noch etwa 100 Kilometer bis *Krabi*.

Dort war gleich an der Bushaltestelle ein Informationsbüro, das mir den Weg nach *Rai Leh* wies.

Ein *Tuk-Tuk* brachte mich an einen verlassenen Ort am Strand, weit außerhalb der Stadt, wo es außer einem moslemischen Restaurant nichts anderes gab.

Ich verstand gar nichts mehr, hier war doch überhaupt keine Anlegestelle für Boote und erst recht waren keine Boote da. Geduldig wartete ich ab, was passieren würde.

Nach einiger Zeit kam ein kleines *Longtail-Boot* und der Fahrer rief an Land: *„Rai Leh! Rai Leh!"*

„Ja, *Rai Leh*!“ rief ich zurück. Dann kam er an Land und aß erst einmal etwas in dem Restaurant. Er schien noch auf andere Gäste zu warten, aber ich blieb der einzige.

Endlich brachte er mich dann hinüber nach *Rai Leh Beach*. Die Überfahrt mit dem Boot dauerte etwa eine halbe Stunde und führte vorbei an einsamen Strandabschnitten und bizarren Kalksteinfelsen, die denen von *Phang Nga* in keiner Weise nachstanden.

Weit vor dem Ufer war die Fahrt zu Ende und ich musste den Rest des Weges durchs Wasser waten. Es war Ebbe, man konnte nicht näher ans Land, ohne möglicherweise seinen Motor zu ruinieren.

Hier sind schon einige Boote gestrandet, die bei Ebbe zu nahe ans Ufer gefahren waren.

Die Wracks liegen heute noch vor der Küste. Es sieht aus wie vor einer Pirateninsel.

Es ist still und keine Menschenseele ist zu sehen. Langsam wate ich an Land und halte Ausschau nach den Coco Bungalows und nach Sanae.

Ich fühle mich immer noch mies, weil ich Claudia alleine in Phuket gelassen habe.

Wie froh wäre ich, wenn sie bei mir wäre.

In der Nacht wanderte ich von einer Strandbar zur anderen. Ich unterhielt mich lange Zeit mit einem Deutschen, der nur zufällig hier gelandet war.

Ihm hatte es so gut hier gefallen, dass er das letzte Boot zurück verpasst hatte und nun am Strand übernachten wollte. Eine Einladung in meinen Bungalow wollte ich ihm nicht machen, es gab genügend „schräge Vögel“ hier, auch wenn er nicht diesen Eindruck auf mich machte.

Wir saßen lange, tranken und redeten viel. Es wurde spät in dieser Nacht – sehr spät.

Ich habe wohl wieder einmal den Fehler meines Lebens gemacht.

Schon den ganzen Tag laufe ich von Rai Leh East zu Rai Leh West und suche nach Sanae. Immer wieder frage ich im vollbesetzten Coco Bungalow, ob nicht eine Nachricht für mich da sei und schaue am Infobrett – aber es ist nichts da.

Was wird wohl Claudia jetzt in Phuket machen? Hoffentlich geht es ihr gut.

Ich fühle mich immer noch miserabel, dass ich sie alleine gelassen habe – wegen einer Japanerin, die ich nur von einer 3-Tage-Tour her kenne, und die nun nicht einmal da ist.

„Hi, Jacko!“, rief mich eine weibliche Stimme aus meinen Gedanken. Es war Sanae.

„Bist du also tatsächlich hierhergekommen“, sagte sie ungläubig.

„Klar, ich habe doch gesagt, dass ich am 19. Hier sein werde“, erwiderte ich meines Versprechens bewusst. Schließlich war ich am richtigen Tag hier, sie erst einen Tag später - aber das war in Anbetracht des langen Weges schon okay. Mich störte etwas anderes viel mehr.

„Übrigens, das ist David. Wir waren vor Vietnam schon ein paar Tage zusammen unterwegs und haben vereinbart, dass wir uns in Thailand wieder treffen.“

Irgendwie kam mir dieser Satz bekannt vor. Die Enttäuschung stand mir im Gesicht und ich glaubte, sie sah es mir an.

„Wir sehen uns später“, sagte sie, „wir sind gerade erst gekommen und wollen noch duschen.“

„Ja, wir sehen uns bestimmt, ich muss auch noch nach Claudia sehen. Sie kommt heute aus *Phuket*.“

So lief ich dann zum *Coco Bungalow* und bekämpfte meinen Frust erst einmal mit einem kalten Bier.

Nach meiner Rechnung musste Claudia in der nächsten Stunde kommen – und meine Rechnung war richtig. Endlich war sie wieder da. Ich freute mich riesig, sie wiederzusehen, dabei waren wir doch gerade mal einen Tag alleine unterwegs gewesen.

„Und?“, fragte sie. „Hast du sie getroffen, hat alles geklappt?“

„Na ja, nicht so ganz. Getroffen habe ich sie erst vor einer Stunde – und nicht nur sie alleine.“

Ich erzählte, was ich hier so gemacht hatte und Claudia erzählte ihre Geschichte.

„Und jetzt? Enttäuscht?“, fragte sie mitfühlend.

„Ach nein“, flunkerte ich, „komm gehen wir lieber zum Strand.“

Wir genossen die malerische Umgebung und ließen es uns richtig gutgehen.

Auf der Seite, wo die Sonne unterging, gab es ein hervorragendes Restaurant mit Blick auf das Abendrot. Bei Riesengarnelen und Muscheln in Pfeffersauce, sahen wir die Sonne am Horizont verschwinden.

Es tummelten sich eine Menge Menschen auf dieser Seite. Wir liefen auch einige Male Sanae und David über den Weg und zogen mit ihnen durch einige Bars.

Dann verabschiedeten wir uns von ihnen.

„Was ihr geht morgen schon weiter“, sagte Sanae. „Kommt doch auch nach *Ko Phi Phi*, ich würde mich freuen, wenn wir uns dort wiedersehen würden.“

Ich wusste im Augenblick wirklich keinen Grund, warum wir uns wiedersehen sollten – aber, wer wusste schon, wohin der Wind uns wehen würde.

Ziemlich früh fuhren wir mit einem der Boote nach *Krabi* zurück.

Krabi Town und Umgebung

Krabi Town hat nicht viel zu bieten und dient den meisten nur als Anlaufstelle zu den vorgelagerten Inseln. Allerdings haben sich entlang der Uferstraße Reisebüros und Restaurants angesiedelt, die sich auf die Touristen gut eingestellt haben, die auf ihren Bus zur Weiterreise warten.

Die Betreiber der Restaurants sind wirklich fit gegenüber der üblichen Schnelligkeit in Thailand. Die nett eingerichteten Restaurants versüßen jedem Traveller die Wartezeit und in den Reisebüros kann man seine Weiterreise buchen oder Boot-Tickets zu den Inseln kaufen.

Zu erwähnen ist auf alle Fälle der Nachtmarkt, dessen Essenstände zu den besten gehören.

Die Umgebung von *Krabi* eignet sich für herrliche Ausflüge mit dem Moped. Die Straßen sind gut und ist man erst mal aus *Krabi Town* draußen, gibt es auch nicht mehr viele Probleme mit dem Verkehr. Die Hauptstraße hat sogar extra einen Seitenstreifen für die langsameren Fahrzeuge.

Etwa 20 Kilometer westlich von *Krabi* liegt der **Ao Nang-Beach**.

Hier wird erheblich mehr geboten als in der Stadt. Entlang des weißen Sandstrandes reihen sich Restaurants, Souvenirläden, Tauchschulen und Schneidereien. Vom Tourismus her, steht diese Gegend kaum mehr hinter *Phuket.* Auch an Unterkünften wird die ganze Breite geboten – von noblen Ressorts bis zu billigen Bungalows mitten im Wald und von Moskitos umringt.

Ein lohnenswerter Abstecher und eine wunderschöne Moped Tour führt zur **Tiger Cave** oder **Wat Tham Sua**, wie das Kloster richtig heißt. In dieser Anlage leben über 250 Mönche und Nonnen. Das Kloster ist ein beliebter Ausflugsort. Vor einer Grotte mit Buddha Figuren gibt es ein Restaurant, das von Nonnen bewirtschaftet wird.

Ein Stück weiter hinten, neben einer großen Statue, die die chinesische Gottheit *Kuan Yin* darstellt, gibt es einige Verkaufsstände, an denen die Nonnen religiöse Reliquien und Amuletts verkaufen.

Über 1000 anstrengende Treppen führen bis in eine Höhe von 300 Meter hinauf zu einem schönen Rundweg, auf dem man einen Fußabdruck *Buddhas* bewundern kann, aber auch einen Wald mit riesigen Bäumen, die man „die tausendjährigen Bäume“ nennt. In einem Tal auf dem Weg dorthin leben Mönche in kleinen Hütten unter Felsvorsprüngen.

Weiter im Norden findet man den **Huay To Wasserfall**, der über 11 Stufen ins Tal fließt. An der 3. Stufe kann man ein erfrischendes Bad am besten genießen.

Der Weg nach oben, ab der 4. Stufe, ist nicht gerade ungefährlich und manchmal sehr rutschig. Der Wasserfall ist etwa 40 Kilometer von *Ao Nang* entfernt.

Ko Phi Phi – Inselträume werden wahr

Ko Phi Phi ist abenteuerlich und wild mit steilen, zerklüfteten Hügeln und dichtem Dschungel – aber auch romantisch und schön, mit langen, weißen Sandstränden, die weit ins Meer hineinführen.

Unzählige Kokospalmen säumen die Strände und spenden Schatten und das klare blau und grün schimmernde Wasser lockt zu einem Bad.

Ko Phi Phi ist Party, Spaß und Tauchen – aber auch Ruhe und Erholung in verträumten Buchten und auf einsamen Dschungelpfaden.

Und nun lest unsere Geschichte – auf zur nächsten Insel

Kaum waren wir mal einen Tag lang wieder in einer Stadt gewesen, zog es uns auch schon auf die nächste Insel. Claudia war zu einer richtigen Inselhüpferin geworden. Ihr Blick ging so sehnsüchtig hinaus aufs Meer, dass wir uns entschieden hatten, auch noch nach *Ko Phi Phi* zu gehen.

Kaum hatten wir auf der Insel angelegt, begann der Kampf um die Unterkunft. Hier herrschten andere Gesetze als auf dem Festland.

„Du bleibst beim Gepäck und ich schaue nach einer Hütte", schlug Claudia vor. Mit ihr hatte ich schon die perfekte Reisepartnerin gefunden. Sie nahm gerne die Dinge selbst in die Hand und kümmerte sich auf unserer Tour meistens um die Unterkünfte.

Sie konnte auch besser um den Preis feilschen und hatte ein glücklicheres Händchen in Bezug auf Sauberkeit und Geruch im Zimmer. Ich nahm es da nicht so genau. Für mich waren manche Zimmer gut genug, die für sie inakzeptabel waren, weil sie „muffelten" oder zu schmutzig waren. Ich war froh, dass sie die Zimmersuche übernahm, wir fuhren meistens gut damit.

So saß ich bei einem kühlen Bier und passte auf das Gepäck auf, während Claudia von einer Bungalowsiedlung zur anderen hetzte.

Früher waren wir immer zusammen, mit dem Gepäck auf dem Rücken, losgezogen, aber es nervte schon gewaltig, immer den schweren Rucksack mitzuschleppen.

Nach einer Stunde kam Claudia erschöpft zurück.

„Ich habe einen Bungalow, aber es ist ein ganzes Stück zu laufen und billig ist er auch nicht gerade – 500 Baht."

Das sind die Gesetze auf *Ko Phi Phi*; die meisten Hütten in Nähe der Inselstadt sind von denen vergriffen, die schon seit ein paar Tagen hier sind. So bleiben einem nur die weiter entfernteren Hütten. Man mietet sich für eine Nacht ein, um am nächsten Tag nach einer anderen Unterkunft zu sehen.

Die Vermieter der Hütten wissen natürlich von der Not der Touristen.

Wer so weit nach hinten kommt, hat keine andere Hütte bekommen – und das lassen sie sich teuer bezahlen. Wir mussten bis *Long Beach* wandern. Wir hatten einen sehr schönen weißen Sandstrand, aber die Unterkunft war weit von der Stadt entfernt.

Trotzdem waren wir neugierig auf die Stadt und machten uns nach einer kurzen Badepause gleich auf den Weg dorthin. Das gab uns auch gleich Gelegenheit nach einer anderen Hütte zu suchen.

Der Weg entlang des Ufers war sehr schön und manchmal hielten wir zu einem kurzen Bad. Nun war es Urlaub pur.

Die Stadt war voll mit Touristen und mit allem, was es für den Tourismus gab. Souvenirläden, Restaurants und Tauchschulen.

Auch wir wollten einen Tauchkurs machen und liefen von einer Tauchschule zur anderen, um die Seriosität und den Preis zu vergleichen. Schließlich wollten wir unser Leben nicht jedem „selbst ernannten Tauchlehrer" anvertrauen, es sollte ja immerhin 18 Meter unter die Wasseroberfläche gehen.

Unsere Kriterien waren: Deutschsprachig wegen der theoretischen Prüfung, billig, sympathisch und gut – und es sollte auch kein Crash-Kurs sein.

Die Schulen waren alle billiger als in *Krabi* oder *Phuket*, bei denen wir schauten. Den besten Eindruck auf uns machte die *Barracuda-Tauchschule*. Wir bekamen dort den besten Preis und einen sympathischen deutschen Tauchlehrer namens Ralf, der fast aus unserer Gegend kam - er war aus *Saulgau*. Außerdem ging der Kurs über 5 Tage und beinhaltete 3 Tauchgänge, das war genau das richtige für uns.

Hier im Dorf gab es hervorragende Restaurants, die zwar - genau wie in *Krabi* - westlich orientiert waren, aber mit Meerestieren und herrlichen Saucen den Gaumen verwöhnten. In vielen Gegenden Thailands kennt man nur die scharfe Chilisauce zu Garnelen, Muscheln und Krabben, hier gab es Pfeffer/Zitronensauce oder auch Tomatensauce mit Knoblauch dazu.

Der Rückweg im Dunkeln wurde zu einem kleinen Abenteuer, jede Menge Krebse rannten am Strand entlang und wir mussten über Felsen klettern, wenn wir nicht den längeren Weg durch den Wald nehmen wollten. Natürlich hatten wir keine Taschenlampe dabei.

Am nächsten Tag waren wir schon wieder sehr früh unterwegs zu unserer neuen Unterkunft etwas näher zum Dorf hin. Hier war es nur halb so teuer, dafür aber auf einer bewaldeten Anhöhe in sehr einfachen Bungalows, in denen man nicht einmal gerade stehen konnte.

Toilette und Dusche war außerhalb und in der Dunkelheit nicht gerade leicht zu finden. Dafür war unterhalb der Anlage eine wunderschöne Bucht mit einem gemütlichen Restaurant, das die Idylle der Insel widerspiegelte.

Auf Entdeckungsreise

Heute wollen wir die Insel entdecken und uns die Gegend mal von oben anschauen. Ein schmaler Pfad führt hinauf zu den Gipfeln der Insel. Wir sind nicht die einzigen, die von dort die Sonne untergehen sehen wollen. Ein wunderschöner Blick über die Lo Dalam Bay und die Ton Sai Bay belohnt uns für die Anstrengung.

Wir warteten nicht, bis die Sonne hinter den Hügeln verschwunden war und machten uns auf den Rückweg. Das Dorf war voll von Bars, aus denen laute Musik dröhnte. Dass die Leute, die hier übernachteten einen ruhigen Schlaf fanden, bezweifelten wir. Wir waren froh, ein Stück weiter weg zu wohnen.

Trotzdem hatten wir am nächsten Morgen gleich neuerlich einen Unterkunftswechsel in Richtung des Dorfes vollzogen.

Unser Tauchkurs begann an diesem Tag und wir wollten nicht jeden Morgen so weit laufen. Wir ließen uns in einem netten Bungalow im *Phi Phi Andaman Resort* nieder, von hier aus war das Dorf auf einem bequemen Weg in 15 Minuten zu erreichen.

„Ist das nicht Sanae und David“, stutzte Claudia. Sie hatte Recht, es waren die beiden. Inzwischen hatten sie auch uns gesehen und winkten uns zu.

„Seid ihr also doch gekommen“, freute sich Sanae und mir fuhr wieder ein Ruck durchs Herz. „Dann können wir ja später essen gehen.“

Irgendwie freute ich mich, sie wiederzusehen und irgendwie tat es weh. Wir gingen mit ihnen zum Italiener und in die Reggae-Bar, der Abend wurde lustig und sehr schön.

Am nächsten Tag kam sie alleine zu unserem Bungalow. Auch ich war alleine. Claudia war nach unserem Tauchkurs noch im Dorf geblieben.

Wir redeten lange über ihre Pläne und ich hörte aus ihren Worten, das sie nicht wusste, was in nächster Zukunft mit ihr geschehen sollte.

So verging die Zeit bis zum Ende unserer Inseltage. Nach dem Tauchkurs trafen wir uns meistens zum Essen und zogen zu viert durch die Restaurants.

Und wieder hieß es Abschied nehmen – zum dritten Mal und wohl auch zum endgültigen Mal.

Good-bye Ko Phi Phi – Good-bye Sanae!

Der Tauchkurs

Als Claudia endlich eine geeignete Tauchschule gefunden hatte, konnte es losgehen. Tagelang hatte sie gesucht, sich informiert und gegrübelt.

Adrette Tauchlehrer hatte es an allen Schulen – aber würden sie auch ihr Geld wert sein oder trügte nur der Schein.

Claudia hatte sich entschieden und ich fügte mich, denn ihre Entscheidung war zu 100 % richtig. Der Unterricht fand in Deutsch statt, eigentlich sogar in Schwäbisch, denn unser Lehrer war ein netter Kerl und kam aus Saulgau.

Wir hatten uns auch für einen 4-Tageskurs anstelle eines Crash-Kurses entschieden. Claudia feilschte um jeden Baht und wieder einmal hatte dies sich für uns gelohnt – sie war wirklich eine Meisterin des Feilschens.

Der erste Tag war gespickt mit Theorie, bevor es dann am Nachmittag ins Wasser ging. An diesem Tag wurden nur die Handzeichen und die allgemeinen Übungen erklärt, die man später tief unter der Wasseroberfläche beherrschen sollte, um nicht wirklich unterzugehen.

Der zweite Tag fing wieder mit Theorie an, führte weiter über die Handhabung und Kontrolle der Ausrüstung und endete etwa 2 Meter unter Wasser mit Atemübungen und dem, was wir am Vortag gelernt hatten – das verlorene Atemgerät ohne Panik wiederzufinden, Notbeatmung durchführen, Kommunikation unter Wasser, eine geflutete Tauchbrille ausblasen, ... – all das musste später sitzen.

Ich konnte noch nie unter Wasser meine Augen offen lassen und auch jetzt nicht. Wie sollte ich da das Wasser aus der gefluteten Brille bringen können?

Ralf riss mir die Brille einfach vom Kopf, da musste ich die Augen aufmachen, um sie wieder zu finden. Und ich merkte, dass es gar nicht so schwer war und das Wasser gar nicht so in den Augen brannte.

Am dritten Tag mussten wir erst die theoretische Prüfung bestehen, bevor es dann richtig ins Wasser ging.

Mit dem Boot fuhren wir zu einem vorgelagerten Riff hinaus, dann kam der erste Ausstieg in voller Montur. Mit einem weiten Tritt ins Leere ging es unter Wasser.

8 Meter tiefer trafen wir uns wieder, um all die Übungen unten am Grund zu wiederholen. Unser Lehrer achtete sehr darauf, dass wir ja nichts unnötig anfassen würden – „mit den Augen schauen, nicht mit den Händen" – das war seine Devise.

Leider denken nicht alle Taucher und Tauchlehrer so, sonst wären nicht so viele Korallenriffe zerstört.

Der vierte Tag kam wie ein Sturm über mich. Mir war hundeelend. Ich weiß heute noch nicht, woher die Übelkeit kam. War es der Salat am Abend zuvor?

Keine Ahnung.

Kaum waren wir in 10 Meter Tiefe, stieg es in mir hoch. Ich machte das Zeichen für einen Notaufstieg und stürmte nach oben. An der Wasseroberfläche war ich mir dann nicht mehr so sicher, ob es unten nicht besser gewesen wäre. Die See war ziemlich rau und die Wellen ziemlich hoch. Das Boot war nicht mehr zu sehen, die Crew musste wohl noch andere Leute abholen.

An einer Boje festgeklammert wartete ich, bis die anderen ihren Tauchgang beendet hatten – dann kam auch das Boot wieder.

Fazit: Es war ein interessanter Tauchkurs mit einem guten Lehrer. Die „Barracuda“ Tauchschule können wir mit einem guten Gewissen weiterempfehlen.

Unser letzter Abend auf Ko Phi Phi verlief ruhig und gemütlich, morgen sollte es wieder weiter gehen. - nach Malaysia!

Nachtrag

Der Tsunami aus dem Jahr 2004 hat an den Stränden Thailands viel verändert. Viele Hotels und andere Einrichtungen gibt es nicht mehr. Es wurde neu gebaut. Die billigen Travellerhütten sind teureren Unterkünften gewichen. Landstücke wurden neu bepflanzt und an den Stränden wurde aufgeräumt.

Die Menschen sind wieder fröhlicher geworden und der Tourismus ist zurück in Thailand – man schaut wieder aufs Meer hinaus – aber eine gewisse Angst bleibt!

Vor allem bei den Menschen, die den Tsunami miterlebt hatten.

Leider hört man immer wieder von politischen Unruhen. Hoffentlich regelt sich das wieder. Die Menschen von Thailand sind liebenswert und haben ein friedliches Leben verdient.

Interessante Links - Abbildungen - Webseite - Kontakt

Hier habe ich eine Linkliste für weitere interessante Informationen zusammengestellt:

Bemerkung: Falls der ein oder andere Link nicht mehr aktiv ist, nagelt mich bitte nicht gleich an die Wand, im Internet ändert sich manches sehr schnell – wie in Südostasien auch.

Ausrüstung

http://www.xn--sdostasienreisen-jzb.com/tramper-shop

http://www.xn--sdostasienreisen-jzb.com/outdoor-renner

Bahntickets – vom oder zum Flughafen:

www.bahn.de/sparpreis

http://bahn.ltur.com

http://www.bahnfuechse.de/

Crowdfunding – wenn ihr eine gute Idee habt und Sponsoren für die Reise sucht:

http://www.startnext.de/

E-Book Reader: - die modernen Reiseführer

http://www.xn--sdostasienreisen-jzb.com/e-book-reader

Fluglinien (auch für Langzeiturlauber und round-the-world-tickets):

http://www.xn--sdostasienreisen-jzb.com/singapur-airline

http://www.xn--sdostasienreisen-jzb.com/emirate

Flugroutenkarten – wen es interessiert:

http://www.gcmap.com/mapui?P=eddf-kiad

http://www.flightradar24.com/

Fotoausrüstung:
http://www.xn--sdostasienreisen-jzb.com/canon
http://www.xn--sdostasienreisen-jzb.com/digitalkamera

Gute Seite rund um den Flughafen, Bahn- & Busverbindungen
http://www.thailand-ticket.de/airport-thailand/

Günstig buchen
http://www.xn--sdostasienreisen-jzb.com/reisebüro

Günstig Urlaub machen – Tipps & Tricks:
http://www.xn--sdostasienreisen-jzb.com/urlaub-zum-nulltarif

Interessantes für Fahrradfahrer:
http://www.xn--sdostasienreisen-jzb.com/fahrrad-profis

Interessantes für Feinschmecker
http://www.xn--sdostasienreisen-jzb.com/asiatisch-kochen

Interessantes für Taucher:
http://www.xn--sdostasienreisen-jzb.com/tauchen

Interessantes für Traveller / Rucksackreisende:
http://www.xn--sdostasienreisen-jzb.com/rucksackreisen-allgemein
http://www.xn--sdostasienreisen-jzb.com/rucksackreisen

Interessantes über Ayutthaya:
http://www.xn--sdostasienreisen-jzb.com/ayu

Interessantes über Bangkok:
http://www.xn--sdostasienreisen-jzb.com/bangkok

Interessantes über Chiang Mai:
http://www.xn--sdostasienreisen-jzb.com/chiang-mai

Interessantes über Krabi:
http://www.xn--sdostasienreisen-jzb.com/krabi

Interessantes über den Norden:
http://www.xn--sdostasienreisen-jzb.com/thailand-der-norden

Interessantes über Patong:
http://www.xn--sdostasienreisen-jzb.com/patong

Interessantes über Phuket:
http://www.xn--sdostasienreisen-jzb.com/phuket

Interessantes über Sukothai:
http://www.xn--sdostasienreisen-jzb.com/sukothai

Interessantes über den Süden:
http://www.xn--sdostasienreisen-jzb.com/süden

Reiseapotheke – ganz wichtig:
http://www.xn--sdostasienreisen-jzb.com/apotheke

Reiseführer oder Landkarten
http://www.xn--sdostasienreisen-jzb.com/stefan-loose-südostasien
http://www.xn--sdostasienreisen-jzb.com/landkarte-südostasien

Reiseversicherung – Langzeitkrankenversicherung
http://www.xn--sdostasienreisen-jzb.com/versicherung-text

Round-the-world:

http://www.globetrotter.ch/reisen/spezialangebote/rund_um_die_welt

Sprache lernen für den Urlaub ist immer ein Vorteil – auch wenn es nur einige Brocken sind:

http://www.xn--sdostasienreisen-jzb.com/onlinemediaworld-sprachenlernen24.de/?id=HJ92580

Urlaub mit Kindern und Baby:

http://www.rund-ums-baby.de/fliegen_mit_kindern.htm

Fotos: **Herbert Jeckl**

Zeichnungen:

Eva Galvan Wagener (Seiten 3, 4, 7, 13, 19, 24, 33, 35, 37, 41, 49, 50, 51, 59, 63, 65, 71, 72, 80, 85, 86, 90, 95, 97, 99, 100, 105, 127, 131

Sabrina Müller (Seiten 17, 21, 23, 75, 77)

E-Mail: traveller97@aol.com

Homepage: http://www.südostasienreisen.com

http://www.xn--sdostasienreisen-jzb.com/

Printed by Books on Demand GmbH, Norderstedt / Germany